本专著系中央高校基本科研业务费专项资金资助（2020JBW016）。

考虑共享出行与失望心理的交通分配问题研究

李 梦 著

  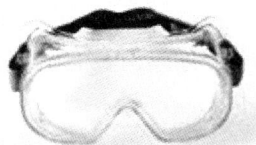

西南交通大学出版社
·成都·

图书在版编目（CIP）数据

考虑共享出行与失望心理的交通分配问题研究 / 李梦著. -- 成都：西南交通大学出版社，2024.10.
ISBN 978-7-5774-0135-5

Ⅰ. U495

中国国家版本馆 CIP 数据核字第 202407UG24 号

Kaolü Gongxiang Chuxing yu Shiwang Xinli de Jiaotong Fenpei Wenti Yanjiu
考虑共享出行与失望心理的交通分配问题研究

李 梦 著

策划编辑	黄庆斌
责任编辑	李芳芳
助理编辑	卢韵玥
封面设计	墨创文化
出版发行	西南交通大学出版社
	（四川省成都市金牛区二环路北一段 111 号
	西南交通大学创新大厦 21 楼）
邮政编码	610031
营销部电话	028-87600564　028-87600533
网址	http://www.xnjdcbs.com
印刷	成都蜀通印务有限责任公司
成品尺寸	170 mm × 230 mm
印张	12.25
字数	205 千
版次	2024 年 10 月第 1 版
印次	2024 年 10 月第 1 次
定价	68.00 元
书号	ISBN 978-7-5774-0135-5

图书如有印装质量问题　本社负责退换
版权所有　盗版必究　举报电话：028-87600562

前言
PREFACE

拓展交通行为的研究视角具有重要的学术价值和实践指导意义。本书通过考虑出行者的失望心理和共享出行行为对交通行为进行建模与分析，提高了理论对现实路径选择行为的解释能力，是对现有交通分配模型的重要推进，对于发展更接近现实行为特性的交通分配模型具有重要意义。本书主要研究内容包括以下几个方面。

首先，为了研究共享出行行为对交通分配问题的影响，提出一个基于路径的共享出行用户均衡交通分配模型。在该模型中，出行者不仅要选择从出发地到目的地的路径，而且还要进行模式选择，以达到最小化广义的路径出行成本的目的。

其次，构建一个将拼车与公共交通融合的多模式路径选择模型，以研究拼车活动对交通分配问题的影响，并提出与其等价的混合互补性问题。在数值实例中，分析了关键参数对均衡流量结果和出行模式选择的影响。

最后，基于失望理论，构建了 Logit 形式的随机用户均衡模型，给出了与模型等价的变分不等式问题，使用相继平均算法对模型进行求解，并分别使用并行网络和网格网络对模型合理性及算法可行性进行验证。算例结果表明，失望心理确实会影响出行者路径选择行为。

由于作者水平有限，书中难免存在疏漏不妥之处，敬请读者批评指正。

作 者

2024 年 2 月

目录

第1章 绪 论

1.1 解决共享经济和失望视角下城市交通出行问题的意义 ·········· 005

1.2 交通分配问题的主要研究内容 ·········· 008

第2章 共享出行和失望心理研究理论背景

2.1 交通均衡分配模型 ·········· 014

2.2 考虑共享出行的出行决策行为 ·········· 022

2.3 不确定性出行环境下的交通行为 ·········· 026

2.4 现有研究的不足 ·········· 034

第3章 考虑共享出行的用户均衡模型

3.1 考虑共享出行的用户均衡化模型构建 ·········· 045

3.2 等价的互补性问题 ·········· 054

3.3 数值算例 ·········· 055

3.4 本章小结 ·········· 063

第4章 考虑共享出行和公共交通的多模式用户均衡模型

4.1 符号定义与假设 ·········· 073

4.2 考虑共享出行和公共交通的多模式用户均衡模型构建 ·········· 076

4.3 数值算例 ·········· 083

4.4 本章小结 ·········· 090

第5章　基于失望理论的随机用户均衡模型

5.1 符号定义与假设 ……………………………… 096
5.2 基于失望理论的随机用户均衡模型构建 ……… 098
5.3 等价的变分不等式问题 ……………………… 100
5.4 求解算法 ……………………………………… 101
5.5 数值算例 ……………………………………… 102
5.6 本章小结 ……………………………………… 110

第6章　交通分配问题的总结与展望

6.1 交通分配问题的研究结论 …………………… 115
6.2 交通分配问题的不足及展望 ………………… 117
6.3 政策梳理与事实总结 ………………………… 122
6.4 具体案例分析 ………………………………… 136

参考文献 ……………………………………………… 148

附　录 ………………………………………………… 169

01

PART ONE

第 1 章
绪　论

随着现代科学技术的日新月异和社会经济的蓬勃发展，城市的边界不断向外延伸，高楼大厦如雨后春笋般拔地而起，人们的活动范围也随之不断扩大。在这样的背景下，机动车作为一种便捷、高效的交通工具，逐渐成为人们日常生活中不可或缺的一部分，人们对其依赖程度日益加深，对交通基础设施的要求越来越高，导致城市中的交通流量迅速增加。然而，机动车数量的激增也带来了一系列的问题。

首先，城市的交通基础设施面临着巨大的压力。道路、桥梁、隧道等交通设施需要不断升级和改造，以满足日益增长的交通需求。但是，由于资金、土地等资源的限制，交通基础设施的建设往往滞后于交通流量的增长，导致交通拥堵现象愈发严重。其次，停车难也成为城市中的一大顽疾。随着机动车数量的增加，停车位的供需矛盾日益突出。在商业中心、居民小区等人口密集区域，停车位更是成为稀缺资源，停车费用也随之水涨船高。这不仅给人们的出行带来不便，也加剧城市交通的混乱和拥堵。这些问题对城市交通管理造成巨大的冲击和挑战（黄海军，1994）。一个安全、高效的城市交通系统对于城市区域内人们的出行、经济的繁荣以及居民生活质量的提升具有至关重要的意义。随着城市化的步伐不断加快，特别是汽车工业的迅猛发展，城市交通问题在全球范围内日益凸显，无论是发达国家还是发展中国家都面临着巨大的挑战。

城市交通拥堵成为了全球普遍存在的"城市病"。拥堵的交通不仅让人们的出行变得困难重重，还导致了大量的时间和经济损失。在发达国家，由于城市化进程较早，城市交通问题尤为突出，尤其是在高峰时段，许多城市的主要道路都会被车辆拥堵得水泄不通。而在发展中国家，随着经济的快速增长和人口的不断增加，城市交通问题也日益严重。除了交通拥堵外，交通安全事故也是城市交通面临的另一大挑战。每年，全球都有数以万计的人因交通事故而受伤或死亡，给家庭和社会带来了巨大的痛苦和损失。这些事故往往是驾驶员的疏忽、超速、酒驾、疲劳驾驶等原因造成的，而城市交通系统的不完善也是导致事故频发的重要因素之一。

此外，能源短缺和环境污染也是城市交通问题的重要组成部分。随着汽车数量的不断增加，燃油消耗也在迅速上升，给能源供应带来了巨大的压力。同时，汽车尾气排放也是城市环境污染的主要来源之一，给人们的健康和生活质量带来了严重威胁。据公安部统计，截至 2023 年 9 月底，全国机动车保有量达 4.35 亿辆，其中汽车 3.36 亿辆；2023 年全国新注册登记机动车 3480 万辆，同比增加 1.6 万辆，增长 0.05%（公安部交通管理局，2023）。截至2023年底，全国新能源汽车保有量达2041万辆，占汽车总量的6.07%；其中，新能源汽车增量连续三年超过100万辆，呈持续高速增长趋势（公安部交通管理局，2023）。此外，百度地图发布的《2020年度中国城市交通报告》显示，重庆、贵阳、北京位列"全国百城交通拥堵"榜单前三。其中，重庆以通勤高峰拥堵指数2.260、通勤高峰实际速度24.06 km/h，再度成为"汽车保存量大于300万级城市拥堵排名"榜首。而贵阳作为西南地区重要的枢纽城市，拥堵情况也不断加剧，在榜单中的名次持续上升，升至第二名。北京的拥堵情况则有所改善，2020年拥堵排名继续下降至第三位（百度地图，2021-01-21）。当前社会面临的道路交通安全形势十分严峻，而城市的交通拥堵问题进一步加剧了城市环境污染等问题。我国是世界机动车产销第一大国，机动车污染物排放量逐年增长，显然机动车污染已经成为城市空气污染的重要来源之一。

面对这些严峻的挑战，解决城市交通问题已成为当务之急。政府、企业和公众需要共同努力，采取多种措施来缓解交通拥堵、提高交通安全、促进能源节约和环境保护。为了解决城市交通拥堵问题，政府开展了以下几种措施：① 加大交通基础设施的建设，扩大公共交通的覆盖范围和提升服务质量。这包括增加公共交通线路和公交车辆数量，提高公交车辆的运行频率和准点率，改善公交站点设施，提供多种支付方式等，以提升市民对公共交通的使用意愿，减少私人车辆使用。② 通过交通管制与管理措施，如限行、限号、交通信号优化、交通管制区域设立等，合理调控车辆流量，减少交通拥堵。此外，政府加强交通管理和执法力度，打击交通违法行为，维护交通秩序和安全。③ 鼓励和支持非机动车出行，如自行车、电动车等，通过建设自行车专用道、提供非机动车停车设施等措施，提升非机动车出行的便利性和安全性，减少机动车使用，缓解交通压力。④ 加强智能交通系统建设和应用，利用先进的信息技术和数据分析手段，实现交通信号、道路监控、路况信息等的实时监测和调控，优化交通流动性，提升道路通行效率。⑤ 推动共享交通模式的发展，如共享单车、网约车等，通过建设共享停车点、优化共享车辆调度等措施，提供便捷、灵活的出行选择，减少私人车辆拥有量和使用频率，降低交通拥堵和环境压力。由于资源限制、财政压力、技术发展挑战和社会变迁等种种原因，以上措施对于解决城市交通拥挤问题很难长久见效。要从根本上解决城市交通拥堵问题，必须深入探索其背后的形成机理。这需要学者和实践者以科学的态度和方法，对城市交通进行系统地分析和研究。需要通过收集大量的交通数据，运用先进的统计方法和模型，对城市交通的流量、速度、密度等关键指标进行深入分析，以揭示交通拥堵的内在规律和原因。

城市交通拥堵的形成并非偶然，而是多种因素共同作用的结果。例如，城市规划的不合理、道路设计的缺陷、交通管理的不完善、驾驶员的驾驶习惯等都可能是交通拥堵的重要原因。学者和实践者需要通过科学的方法，对这些因素进行逐一分析，找出它们对交通拥堵的影响程度和相互关系，从而为解决城市交通拥堵问题提供科学依据。

1.1 解决共享经济和失望视角下城市交通出行问题的意义

城市交通科学是一门深入探索、理解和引导交通行为的综合性科学。它致力于系统地研究城市交通运行的基本规律，旨在挖掘和分析人们的出行动因，观察现实生活中的交通现象，并发现出行群体的决策规律。通过科学的方法，城市交通科学能够为交通规划、设计、管理和发展提供坚实的理论依据和实践指导。城市交通科学的核心研究内容之一是城市的道路交通拥堵问题，是指在同一时间和同一地点，交通需求与交通供给之间产生的矛盾，导致交通滞留现象的发生，通常是由于交通基础设施提供的交通容量无法满足同一时空的交通需求，而又不能及时得到有效疏通所造成的。交通拥堵不仅对城市交通的正常运行造成极大威胁，也是引发交通安全问题、尾气污染等交通问题的重要原因。

理论上，深入探究交通流的分布规律是根治城市交通拥堵问题的关键所在，它同样是研究城市交通科学的独特魅力之所在。城市交通问题不仅仅是一个单纯的工程技术问题，更是一个涉及多学科知识的综合性问题。因此，要全面而深入地理解并解决城市交通问题，就需要借鉴和应用多个学科的知识和方法。

微观经济学为我们提供了理解个体出行选择的理论基础，博弈论帮助我们分析出行者在交通网络中的相互作用和决策过程，行为科学和心理学则能够揭示出行者的心理和行为模式，从而更准确地预测和描述他们的出行行为。这些学科知识的融合，使我们能够更全面地刻画出行者的出行行为模式，进而揭示人们出行行为的深层规律。这样的研究不仅具有理论意义，更具有实际应用价值。通过对出行行为规律的深入理解，可以更有效地利用现有的道路网络资源，优化交通流的分布，减少不必要的交通拥堵。这对于当前大中城市交通建设迅速发展、交通拥堵日益严峻的现实背景来说，具有重要的指导意义。同时，这种跨学科的研究方法也有助于加深对交通行为的理解，从而制定出更加科学合理的交通政策和规划。通过综合考虑经济、社会、心理等多方面的因素，可以制定出更加符合实际需求的交通管理策略，为城市的可持续发展和居民的幸福生活创造更好的交通环境。

出行路径选择模型，在理论层面上，通常基于一个假设：个体在做出路径选择时是完全理性的决策者。这意味着他们会根据预测的期望出行成本或期望效用来选择最优的路径。然而，这一假设在现实世界中却经常受到挑战。在现实生活中，人们的决策过程往往受到各种因素的影响，如信息的不完全、决策的紧迫性、个人偏好等，这些都可能导致他们的决策并非完全理性。因此，将个体视为完全理性的决策者，并不能很好地解释实际的路径选择行为。为了更准确地描述和预测个体的出行行为，我们需要从其他角度开展研究，特别是在不确定性条件下的城市交通出行行为。例如，我们可以考虑个体的心理因素、社会因素以及环境因素等，这些因素都可能对个体的路径选择产生影响。

此外，为了更好地理解个体的出行选择，我们还可以借助出行行为调查和实验来获得相关数据。这些数据可以帮助我们建立更准确的出行选择模型，从而更好地预测和解释个体的出行行为。值得注意的是，用户异质性和弹性需求等因素在路径选择问题中也扮演着重要的角色。然而，这些因素在现有的研究中还没有得到充分的探讨。因此，将这些因素纳入路径选择问题的研究中，也是未来研究的重要方向之一。

综上所述，解决失望视角下的交通均衡分配问题，不仅是本书的基础和核心目标之一，也是城市交通科学研究的重要方向。通过深入研究个体的出行行为，我们可以更好地理解城市交通现象，为城市交通规划和管理提供科学依据。

为了更深入地理解共享经济背景下的城市交通出行行为，为城市交通规划和管理提供更为科学、有效的建议。本书旨在综合运用微观经济学、博弈论、行为科学、心理学及交通科学等相关领域的知识，构建一些更符合实际情况的交通分配模型。这些模型将致力于更精确地描述现实生活中的出行路径选择行为，以弥补现有研究的不足。

首先，通过微观经济学的理论框架，我们能够深入理解个体出行选择背后的经济动机和决策过程。博弈论则有助于分析出行者在交通网络中的相互作用和策略选择，特别是在共享出行模式下的竞争与合作。

其次，结合行为科学和心理学的研究成果，本书将探讨出行者的心理因素如何影响他们的路径选择。例如，失望心理是一个重要的考量因素，它反映了出行者对于交通拥堵、出行时间延误等负面体验的感知和反应。通过分析失望心理对路径选择行为的影响，我们可以更好地理解出行者的决策过程和偏好。

再次，本书还将深入探讨共享机制对路径选择行为的影响。共享出行的兴起改变了传统的出行模式，使得出行者能够更灵活地选择出行方式和服务。这种变化不仅影响了出行者的决策过程，也对城市交通系统的运行和效率产生了重要影响。因此，建立考虑共享机制的新型交通分配模型至关重要。

最后，通过综合运用这些理论和方法，将建立更加贴近实际、有效描述现实生活中出行行为的交通分配模型。这将为交通规划和管理提供更加科学和可靠的依据，促进城市交通系统的可持续发展和居民出行体验的改善。同时，本书还将为相关领域的研究提供有益的参考和启示，推动交通科学研究的深入发展。

1.2 交通分配问题的主要研究内容

从运筹学理论和实践的角度来看，本书核心目标是探索如何找到用户最优状态解，并深入考察用户的失望心理和共享机制如何影响路径选择行为。这一目标的实现不仅是对现有交通出行行为研究的重要补充，更是对运筹学在交通领域应用的深化和拓展。具体来说，本书的研究内容主要包含以下 3 个部分：

第一部分是考虑共享出行的用户均衡模型（详情请见第 3 章）。

本章中提出了一个基于路径的共享出行用户均衡交通分配模型。在该模型中，出行者不仅需要选择从出发地到目的地的路径，还需要在独驾、作为共享出行司机（或共乘司机）驾驶、作为共享出行乘客（或共乘乘客）乘车这 3 种模式中进行选择，以达到最小化广义的路径出行成本的目的。具体来说，广义的路径出行成本包括直接成本（如燃油费、车辆折旧费等）和间接成本（如时间成本、舒适度损失等）。在共享出行模式下，共乘司机和共乘乘客可以获得额外的共享出行奖励，而共乘乘客还能获得共享出行成本折扣。这些奖励和折扣将影响出行者的决策过程，从而改变交通网络中的流量分布。

为了简化模型并使其更贴近现实，构建的考虑共享机制的交通分配模型引入两个假设：其一，一个共乘乘客只被一个共乘司机搭载，一个司机只载一个乘客。这一假设确保了共享出行活动的有效性和可行性，避免多重搭载和复杂的匹配问题。其二，由于参与共享出行活动，共乘司机和共乘乘客均可获得额外的共享出行奖励，此外共乘乘客还能得到共享出行成本折扣。这一假设反映了现实中共享出行平台为吸引用户而提供的激励机制，对于理解出行者的决策过程具有重要意义。本工作报告采用布雷斯（Braess）悖论交通网络进行数值分析，以探究关键参数对均衡结果的影响。数值结果表明，共享出行成本优惠和共享出行奖励均是鼓励出行者参与共享出行活动的有效措施。随着这些优惠和奖励的增加，越来越多的出行者选择参与共享出行活动，从而降低了交通网络中的总流量和平均出行成本。

第二部分是考虑共享出行和公共交通的多模式用户均衡模型（详情请见第4章）。

该部分构建一个将拼车与公共交通融合的多模式路径选择模型，以研究拼车活动对交通分配问题的影响。在提出的模型中，出行者面临多种交通方式和路线的选择。具体而言，他们可以选择独自驾驶、拼车驾驶、乘坐拼车或乘坐公共交通等不同的出行方式。同时，路线选择也涵盖了主路和辅路。这些选择都受到小客车容量和公交车容量的限制，从而影响了出行者的广义出行成本。为了鼓励出行者选择共享出行模式和公共交通模式，模型假设拼车司机和乘客（包括拼车乘客和公共交通乘客）都能获得额外奖励。此外，为了体现主干道与辅路之间的差异，模型还设定了使用主干道的独自驾车车辆需要支付额外费用，而共享出行汽车则可以免费使用主干道的条件。为了探究关键参数对均衡结果的影响，本书进行了一系列数值实例分析。这些参数包括奖励、收费、汽车容量、公交车容量以及隐私成本等。数值结果表明，奖励和收费是激励出行者参与绿色出行、减少交通拥堵的有效措施。具体来说，提高奖励金额或降低收费标准都能增加出行者选择拼车或公共交通的可能性，从而降低整个交通网络的拥堵程度。

第三部分是基于失望理论的随机用户均衡模型（详情请见第 5 章）。

失望理论是一个在经济学、心理学和交通工程中都备受关注的概念。它描述了当个体的期望与实际结果之间存在差距时，个体可能产生的失望情感，并因此调整其决策行为。在交通领域，这种失望心理会影响出行者对路径的选择，尤其是在不确定或拥堵的交通环境下。

为了更准确地描述出行者的路径选择行为，本书基于失望理论构建了 Logit 形式的随机用户均衡模型，并给出了与模型等价的变分不等式问题。通过相继平均算法对模型进行求解，并使用并行网络和网格网络对模型合理性及算法可行性进行验证。

在该模型中，出行者的路径选择行为受到失望心理的影响，出行者通常对路径的出行时间持有预期，但实际出行时间可能会超过他们的预期，从而产生失望心理。为了量化这种失望心理，引入失望厌恶水平参数，表示出行者对失望的敏感程度。出行者选择路径的概率与其自由流出行时间的期望值和失望厌恶水平有关。具体来说，出行者更倾向于选择自由流出行时间较短且符合其预期的路径。

算例结果表明，失望心理确实会影响出行者路径选择行为，具体表现在以下几点：① 随着失望厌恶水平增加，均衡状态下选择最短路径（自由流出行时间最短的路径）的出行者越来越多；② 相较于以 OD 对间自由流出行时间均值为预期的出行者，以 OD 对间自由流出行时间最小值为预期的出行者更倾向于选择自由流出行时间较短的路径；③ 随着出行需求的增加，越来越多的出行者转移到容量较大的路径上，不同预期的出行者路径选择行为差异也越来越小。

02
PART TWO

第 2 章
共享出行和失望心理研究理论背景

出行者的路径选择行为研究对于城市交通规划和管理具有重要的理论意义和实践价值，一直是本领域的前沿核心问题（黄海军，1994；陆化普和黄海军，2007）。从理论意义上来说，出行者的路径选择行为研究是交通工程、城市规划、地理信息系统等多个学科交叉的领域，对这一领域的研究不仅能推动相关学科的发展，还能促进跨学科的合作与交流；从实践意义上来说，对于政府决策而言，通过了解出行者的路径选择行为，交通规划者可以更准确地预测交通流，从而优化交通路线和信号灯设置，提高道路网络的交通效率，帮助政府和企业更有效地制定和实施缓解交通拥堵的政策或措施。同时，通过改善出行者的路径选择，可以减少不必要的出行时间和成本，鼓励和引导出行者选择环保、高效的出行方式（如公共交通），提升整个社会的福祉水平。而对于企业而言，了解消费者的出行路径选择有助于更精准地进行市场定位、选择合适的商业地点以及制定营销策略。

在不确定条件下，传统的路径选择行为研究以期望效用理论（Expected Utility Theory，EUT）（Von Neumann 和 Morgenstern，1944）和随机效用最大模型（Random Utility Maximization，RUM）（McFadden，1974）为基础，假设出行者完全理性，即出行者会选择最短或者最快的路径到达目的地，总是选择其所认知到的效用最大或出行成本最小的路径。但是，学者们在观察和实验中发现人们的行为并不是完全理性的，经常发生违背效用理论的悖论现象（Kahneman 和 Tversky，1979；Bell，1982），完全理性的假设与现实生活中的有限理性之间出现冲突。首先，由于出行者所处的环境通常具有复杂性和不确定性，他们可能无法获得完整的交通信息，或者即使获得了信息，也可能因为信息处理能力有限而无法做出最优决策。这导致出行者在路径选择时表现出有限理性（Bounded Rationality，BR）（Simon，1955、2000），即他们可能无法总是选择最短或最快路径，而是基于自身的习惯、偏好和经验来做出选择。其次，出行者的路径选择行为还受到交通网络中波动性的影响。由于交通状况的不断变化，加之出行者个人习惯、行为目的等因素影响，出行者可能面临不同的风险和不确定性。为细致刻画描述出行者在不确定性交通网络中的决策行为，综合考虑多种因素的随机性和关联性，前景理论（Prospect Theory，PT）（Kahneman 和 Tversky，1979；Tversky 和 Kahneman，1992）、后悔理论（Regret Theory，RT）（Loomes 和 Sugden，1982；Bell，1982）和失望理论（Disappointment Theory，DT）（Bell，1985）相继得到发展，他们均能较好地描述出行者在不确定性交通网络中的决策行为，结果更符合实际。

近年来，随着互联网技术和共享经济模式的普及，共享出行作为一种创新的交通方式闯入全世界人们的视线，此种交通方式允许人们无须拥有车辆所有权，以共享和合乘方式来使用交通工具，具有环保低碳、方便快捷的特点，极大地影响着人们的出行模式和行为。不考虑共享出行的交通分配模型是要帮助出行者们选择从出发地到目的地的距离最短或是费用最小的路径；而考虑共享出行的交通分配模型不仅要求出行者们选择路径，而且要选择合理的出行模式使得他们的选择距离最短或是费用最小。考虑共享出行的交通分配模型需要综合考虑出行者的需求、交通网络的特性、共享交通工具的可用性、价格策略等有关因素的影响，同时还需要收集和分析大量的数据来支撑模型的构建和验证。那么，共享出行到底会如何影响出行者的出行模式？共享出行的出现是否会对缓解道路网络的交通拥堵问题具有确定性影响？如果共享出行利大于弊，可以采用哪些措施促进出行者使用共享出行模式？

本书试图研究考虑失望心理和共享机制下出行者的路径选择行为。因此，本文所涉及到的相关研究主要为交通均衡分配模型及算法，考虑共享机制的出行决策行为，不确定性出行环境下的交通行为3个方面，下面将对上述领域的有关研究进行详细介绍。

2.1 交通均衡分配模型

一方面，随着城市经济的发展和人口规模的扩大，交通需求不断增加，而交通设施的建设往往滞后于交通需求的增长。这导致交通网络中的某些路段和节点容易出现拥堵和瓶颈，影响交通流量的分布和均衡状态。另一方面，交通均衡流量问题与出行者的出行选择和行为有关。出行者通常会根据自己的出行需求、交通网络的特性以及交通方式的特点来选择出行路径和交通方式。然而，由于不完全交通信息和出行者之间的相互影响，每个出行者的最优选择也并不一定能导致整个交通网络处于最优状态。因此，需要通过交通分配模型来模拟和分析交通流量的分布和演化。城市交通系统的复杂性和动态性使得越来越多的学者开始关注均衡流量分配，并逐步建立相关理论、模型及分析方法。交通流量分配（Traffic Assignment，TA）是指在给定的交通出行需求量或需求模式的情况下，根据某种准则将出行量分配到道路网络中。交通流量分配是交通规划中的一个重要环节，其主要任务是将调查得到的交通起止（Origin and Destination，OD）点交通量按照一定的规则分配到具体的交通网络上，以求得各路段的交通流量。

1. 确定性用户均衡分配模型

交通流形态是指车辆在道路上行驶时形成的状态，它描述了车辆、行人等交通参与者在道路上相互行驶或行走的运动形态和数量。这些运动形态和数量通常受到道路条件、交通环境、交通管理等多种因素的影响，可以划分为不同的类型。经济学家 Knight（1924）最早使用"均衡"一词来表达交通流形态，其采用货车通过两条不同性质的马路的成本效益来论证个体自由导致在固定成本行业和递增成本行业之间投资分配不当的行为。Wardrop（1952）提出著名的路径选择理论，即 Wardrop 第一原则和 Wardrop 第二原则。Wardrop 第一原则也称为用户最优原则或用户均衡原则（User Equilibrium，UE），是交通网络流分配的基础理论之一，其基本思想是所有出行者都独立地选择使自己行驶时间最短的路径，在这种选择的背景下，网络最终达到一种平衡状态。在考虑拥挤效应对出行时间产生影响的道路网络中，每一个出行者都确切地知道网络的交通状态，所有出行者均从自身利益出发，试图寻找具有最小出行成本的路径，出行者的决策过程相互独立，但他们的决策结果相互影响，经过反复地内部调整后，在均衡的交通流量分布状态里，同一 OD 对之间所有被使用路径的出行成本是相等的，并且小于或等于任何未被使用路径的出行成本，此时每个出行者都不能通过单方面改变自己的路径选择而降低出行成本。这样的流量分布状态称为用户均衡状态，它也是一种纯策略的纳什均衡。Wardrop 第二原则也称为系统最优原则（System Optimum，SO），与 Wardrop 第一原则不同，第二原则是从交通系统的整体效能出发，所有出行者都接受统一的安排和调度，考虑如何使整个交通系统的总行驶时间和出行成本之和最小或总效益最大。具体来说，Wardrop 第二原则假设存在一个中央控制者或者交通管理者，他们能够对整个交通系统进行全局优化和控制。在这个假设下，交通流被分配到不同的路径上，以达到系统总行驶时间最少的目标。这意味着某些路径可能会被分配更多的交通流，而其他路径则可能相对较少，以实现整个系统的最优性能。Wardrop 第二原则与用户最优原则（即 Wardrop 第一原则）在目标上存在差异，用户最优原则关注的是个体出行者的利益最大化，即每个出行者都选择对自己最有利的路径。而系统最优原则更注重整个交通系统的效率和性能最优化。Beckmann 等（1956）提出了著名的 Beckmann 魔鬼变换，将 UE 交通分配问题转化为与之等价的数学规划模型，通过这一转换，学者们得以运用数学工具对交通网络的均衡状态进行深入分析，从而揭示了网络流量分配与用户行为之间的内在联系，并证明了 UE 解的等价性、存在性和唯一性。Smith（1979）在其研究中取得了显著的进展，他将用户均衡（UE）交通分配问题以等价的有限维变分不等式（Variational Inequality，VI）的形式进行了表述。具体来说，通过引入变分不等式的概念，将 UE 交通分配问题转化为一个寻找使得某个函数达到最小值的向量的问题，同时这个向量还需满足一系列的约束条件。这种表述方式不仅简化了问题的复杂性，还使得相关的数学工具和方法能够更方便地应用到问题的求解过程中。此外通过严谨的数学推导和证明，展示了在一定条件下 UE 解是存在的，并且是唯一的。Dafermos（1980，1982）进一步将其扩展到具有可变需求的 UE 交通分配问题，通过运用非线性分析和优化理论的方法，对 UE 交通分配问题进行了深入的研究，揭示交通网络中用户行为与系统性能之间的内在联系，为理解交通网络的均衡状态提供新的视角。

随后，学者们相继在多个维度上对 UE 问题进行探讨和扩展，并逐渐发展出随机用户均衡（Stochastic User Equilibrium，SUE）、动态用户均衡（Dynamic User Equilibrium，DUE）和有限理性用户均衡（Boundedly Rational User Equilibrium，BRUE）等理论模型和求解算法。动态用户均衡分配模型是将时间因素考虑到交通分配模型中，是交通科学领域最具挑战的，包括预测型和反应型的动态交通分配模型。

2. 随机用户均衡分配模型

在经典的用户均衡中，假设道路交通网络中所有的出行者都是完全理性的，可完全掌握整个交通网络的道路及出行信息，且可精确计算出所有的路径出行费用，因此，可准确无误地做出对自己最有利的路径决策，然而这一假设往往是不太符合现实的。首先，出行者在做出决策时，往往无法获取关于所有可能选项的完整和准确的信息，信息的不完全性导致他们无法做出基于所有可用信息的最优决策；其次，出行者通常需要在有限的时间内做出决策，这限制了他们进行深入分析和考虑所有可能性的能力，他们可能没有足够的时间来收集和处理所有必要的信息，或者没有足够的时间来考虑所有可能的后果和替代方案；最后，出行者可能无法处理和分析大量的信息，或者无法准确预测未来的情况。这可能导致无法充分理解所有选项的后果和潜在风险。由于信息的不完全性、决策时间限制、认知能力的限制、情绪和心理因素的影响以及不确定性和风险等因素的存在，出行者无法做出完全理性的出行决策。因此，放松对所有出行者完全理性的假设，Daganzo 和 Sheffi（1977）首次提出了随机用户均衡模型，它建立在出行者对实际出行阻抗（如行驶时间、费用等）存在感知误差的基础上。在 SUE 模型中，出行者理解的路径出行费用包含两部分：实际的路径出行费用和出行费用的理解误差。这里的"阻抗"即用户所感知的出行成本，是一个随机变量，用户所感知的最小阻抗路径不一定就是实际的最小阻抗路径。在 SUE 均衡状态下，所有被选择路径具有相同的感知出行成本，任何一个出行者不能通过单方面地改变自己的出行路径的选择来降低自己的估计行驶阻抗。SUE 模型是从出行者的角度出发，根据出行者对路径阻抗的敏感性程度来进行交通分配，其结果更加接近现实世界的车流分布。与 UE（用户均衡）相比，SUE 更具有普遍性，UE 只是 SUE 的一种特殊情况，当估计阻抗的方差为 0 时，SUE 就变成 UE。在 SUE 模型中，用户选择路径的概率是由路径的效用值来决定的，效用包括时间、舒适度、安全性和价格等因素。学者们根据感知误差的分布将 SUE 模型划分为基于 Logit 的 SUE 模型和基于 Probit 的 SUE 模型。基于 Logit 的 SUE 模型是一种离散选择模型，路径选择概率是根据 Logit 模型来计算的，它假设出行者选择某条路径的概率与该路径的效用（通常是感知阻抗的负值）相对于其他路径的效用的指数成正比，考虑了出行者对于阻抗的感知误差，方便处理多条路径的情况，适用于大型复杂的交通网络。基于 Probit 的 SUE 模型假设出行者对于不同路径的阻抗（如出行时间、费用等）存在感知误差，并且这些误差服从正态分布。因此，出行者选择某条路径的概率是根据 Probit 模型来计算的，该模型考虑了不同路径之间阻抗的协方差，即路径之间的相似性。与基于 Logit 的 SUE 模型相比，基于 Probit 的 SUE 模型考虑了不同路径之间阻抗的协方差，能够更准确地描述出行者的路径选择行为，但其路径选择概率的计算相对复杂，需要借助数值方法或仿真算法来实现，难以直接应用于大型复杂的交通网络。

Kitthamkesorn 和 Chen（2013）提出了基于 Webit 的 SUE 模型，利用 Webit（Web-based Iterative Traffic Assignment）方法来解决随机用户均衡问题的模型。在基于 Webit 的 SUE 模型中，通常使用 Logit 模型来描述出行者对路径的选择概率。Logit 模型假设出行者选择某条路径的概率与其感知阻抗的负指数函数成正比。出行者对实际阻抗的不确定性或感知误差函数服从 Webit 分布，基于 Webit 的 SUE 模型通常通过迭代的方式求解。在每次迭代中，Webit 会根据当前的路径选择概率和交通流量更新网络中每条路径的感知阻抗。然后，根据更新后的感知阻抗重新计算路径选择概率和交通流量，直到达到一个稳定的均衡状态。Dial（1971）提出的 STOCH 算法是求解基于 Logit 的 SUE 模型最为著名的方法，该算法又被称为 DIAL 算法，也是一种基于路段分配流量的算法，该方法并没有将流量分配到 OD 对的所有路径上，而只是将其分配到 OD 对的有效路径上，从而成功避免了路径枚举，能够帮助高效地处理大量交通数据。Fisk（1980）进一步给出了基于 Logit 的 SUE 模型等价的数学规划模型，将问题转化为线性约束下的非线性规划问题。Sheffi 和 Powell（1981，1982）和 Smith（1984）等学者也对 Logit 分配模型做了很多贡献。为了解决 DIAL 算法不能保证收敛性这一难题，学者们做了很多尝试，其中具有突出的代表工作是 Bell（1995）提出了两种用于交通网络的 Logit 分配方法。这两种方法都无须枚举路径，同时省去了正向和反向遍历的过程，因此无须事先获取节点间最小成本信息。随后，Yang 和 Huang（2005），Prato（2009）等也从不同角度对 Logit 分配技术进行了扩展。Sheffi（1985）提出了基于蒙特卡洛（Monte Carlo）方法模拟的 Probit 加载算法。Maher 和 Hughes（1997）对 Probit 加载技术做了扩展研究。

3. 有限理性用户均衡分配模型

现实生活中，心理学家和实验经济学家证实，在做决策时人们是采用启发式规则进行决策，承认在决策过程中，决策者由于受到时间、信息、认知能力等因素的限制可能导致偏见或系统误差，同时讨论了有限理性如何影响决策过程，包括决策者的信息搜索、决策规则的选择以及决策结果的评估等方面（Conlisk，1996）。近年来，一些学者将有限理性（Bounded Rationality，BR）行为引入到交通科学领域。Mahmassani 和 Chang（1987）首次将刻画出行者在选择出发时有限理性的"无差异区间"（Indifference Band，IB）引入到简单的瓶颈模型中，研究出行者的出发时刻选择行为，并分析模型的一些性质，发现有限理性行为会导致出行者在高峰时段的选择更加分散，从而减轻瓶颈路段的拥堵程度。之后，Mahmassani 等又进行了一系列的实验研究来验证有限理性假设，并对"无差异区间"等参数进行标定（Jayakrishnan 等，1994；Hu 和 Mahmassani，1997；Mahmassani 和 Liu，1999）。Lou 等（2010）首次在理论上分析一般网络中基于无差异区间的有限理性用户均衡模型的数学性质，并验证有限理性流量解的非唯一性和非凸性。研究在静态网络中基于有限理性路径选择行为的拥堵定价策略。在有限理性行为下，特别是在这些选择不会显著减少他们旅行时间的情况下，用户在选择路径时并不一定会选择最短或最便宜的路径，寻找最佳和最坏情况的有限理性用户均衡流量分布的问题被表述并解决为具有互补性约束的数学规划问题。Di 等（2013）通过构建连接多个 OD 对的固定需求交通网络的 BRUE 解决方案集，给出了与基于无差异区间的有限理性用户均衡模型等价的非线性互补方程，并在可行路径分布集内进行求解。Di 和 Liu（2016）从静态交通分配、动态交通分配、Day-to-day 交通分配、学习过程等诸多方面总结了有限理性路径选择行为的建模和求解方法。

在实际情况中，由于出行者的有限理性，他们可能不会总是选择最短路径，而是可能会选择次优路径，这导致有限理性交通分配模型解的不唯一性，所以对基于无差异区间的 BRUE 问题的求解是个难点。Guo 等（2011）根据有限理性用户均衡模型解的非唯一性，开发日常动态模型模拟不可逆的交通网络变化，分析不可逆的交通网络改变对均衡交通流量分布的影响。其基于 BRUE 的不可逆网络变化建模方法，更适用于现实世界的大规模网络，同时明确考虑出行者在路线选择中的有界理性行为，并用真实的数据验证其分析结果。Lu 和 Liu（2007）提供了一种求解考虑有限理性的交通系统最优交通分配模型的方法，其基于有界理性的概念和满意的决策规则，提出了有界理性系统最优模型，以实现效率和公平性的整合。Wendin 等（2010）发现在实际中，用户往往只有在提供显著的时间或成本节省的情况下才会切换到替代路线，采用次优化的方法寻找有限理性交通流量解。Di 等（2014）研究在有限理性的假设下发生 Braess 悖论的条件，并且分析不同风险态度下无差异区间和路段拥挤灵敏度对发生 Braess 悖论的影响，并与用户均衡下的条件进行了比较。Di 等（2017）从 I-35W 密西西比河大桥坍塌事件出发，用全球定位系统（Global Positioning System，GPS）测量数据对比新桥开通前后的交通流量，研究有限理性的换路行为，并估计无差异区间。Di 等（2016）提出一个关于有限理性次优收费的双层规划，上层规划是通过最小化系统总成本找一个最优的收费水平，下层规划是最小化或最大化系统出行费用两种极端情况下的有限理性用户均衡。从非均衡演化视角，Guo（2013）设计一种收费机制，以引导网络流量向传统的 Wardrop 用户均衡（UE）流量模式演化，将有限理性用户均衡态收敛到用户均衡态，从本质上解决 BRUE 的非唯一性问题。为了捕捉路径选择随时间的变化，Wu 等（2013）引入去趋势波动分析（Detrended Fluctuation Analysis，DFA），提出考虑有限理性行为的日常路径选择行为演化模型。此外，在动态交通分配方面，Szeto 和 Lo（2006）提出基于容忍度的动态用户最优分配（Dynamic User Optimal，DUO）准则，讨论其解的存在性和唯一性，开发了一种求解启发式方法，并通过数值示例演示了其性质；Han 等（2015）采用微分变分不等式方法研究动态用户均衡分配，提出有界理性动态用户均衡模型，假设出行者并不总是寻求成本最低的路线和出发时间选择，而是受到其经历的出行成本与最低成本之间差异容忍度的影响。Chen 等（2012）提出一个基于随机最优反应均衡的有限理性模型，发现有限理性将在重复博弈中变得更加理性，但可能不会收敛到纳什均衡所假设的完全理性。Zhao 和 Huang（2014）结合有限理性和随机最优反应均衡应用到容量分配博弈和拥挤博弈中去。在西蒙有限理性模型和满意准则的研究框架下，Zhao 和 Huang（2016）实证研究有限理性用户均衡态下的并行网络交通分配问题，通过考虑出行者满意水平的异质性和出行者对路径的偏好，分析有限理性用户均衡下交通流量分配的性质，得到有限理性用户均衡态存在的条件。

2.2 考虑共享出行的出行决策行为

近年来，随着手机通信、全球定位系统（GPS）等技术的迅速发展，共享出行平台如滴滴出行、优步（UBER）、来福车（LYFT）等已经在交通领域崭露头角。这些平台通过提供实时的司机和乘客匹配服务，引起广泛关注。共享出行模式的兴起在交通系统中引发多方面的探讨，成为交通运输领域的热门话题。这种新型的出行方式通过技术创新，重新定义个人出行体验和城市交通模式。实时的司机和乘客匹配服务，通过高效的算法和智能手机应用，提供更便捷、灵活的出行选择。这种模式不仅改变了传统出租车服务的运作方式，也对传统交通系统带来挑战和机遇。

一般来说，共享出行模式被认为是改善交通运输系统的有效方式（郭忠王等，2022；Wang等，2018；Caggiani等，2018）。通过这些平台，司机和乘客能够实时匹配，共享出行资源（Jaw等，1986），从而降低个人出行的成本。这种模式有望减少交通拥堵，降低空气污染排放，同时对能源的消耗产生积极影响。共享出行的便捷性和灵活性也使其成为人们越来越喜欢的交通方式之一。共享出行模式的引入不仅在城市交通中产生积极的变革，也为用户提供更多选择。通过充分利用现代技术，这些平台为城市居民提供更加高效、经济、环保的出行方式。

随着共享出行理念的深入人心，预计未来将会有更多的创新和改进，进一步推动交通系统朝着更加可持续和智能的方向发展。这一发展趋势将为城市交通管理和规划提供更多有益的经验和启示。

共享出行的机制十分简单，司机为乘客提供乘车服务，而乘客则在有相似行程和时间安排的情况下向司机支付一定费用。因此，共享出行模式提供了一种降低交通路网中汽车总数量、减少交通拥堵可能性的途径（Furuhata 等，2013）。这一模式的出现不仅满足一部分出行者的自驾需求（李梦等，2019），同时也避免闲置的独自驾驶车辆资源无法被有效利用所带来的浪费问题（孙会君等，2023）。

共享出行的研究主要集中在动态的共乘司机和共乘乘客之间的匹配问题上，优化了共享系统中司机和乘客之间的匹配，这种匹配优化可以涉及多个方面，包括提高系统效率（徐淑贤等，2023）、减少等待时间（孙会君等，2023）、降低成本（周小祥等，2021）、提高乘客和司机的满意度（李嫚嫚等，2021）等。动态的共享出行不依赖于新的交通网络基础设施（何洪文等，2023），通过先进的技术平台和智能算法实现灵活、便利的服务。相较于传统公共交通系统，它提供更大的灵活性，允许乘客随时叫车，无须固定站点和时间表。利用智能算法优化匹配，共享出行系统能够更有效地共享车辆和路线，减少空驶率（马健霄等，2023），同时提供个性化的服务，包括优化的路线、实时信息和个性化价格策略。Furuhata 等（2013）和 Agatz 等（2012）对动态共享出行领域进行了深入细致地综述，全面探讨了该领域的发展、挑战以及潜在的未来研究方向。Deakin 等（2011）的研究聚焦于加州大学伯克利分校两个校区之间的动态共享出行，并得出一些重要结论，研究指出，经济刺激和提供停车场停车补贴可能成为促使出行者选择共享出行模式的有效手段。Agatz 等（2011）通过开发一种优化方法，旨在最小化动态共享出行系统的总车辆里程和个人旅行成本。该方法的目标在于提高系统的效率，通过巧妙的车辆调度和乘客匹配，降低整体的行车里程以及个人的出行成本，从而使共享出行模式更为经济高效。在 Lee 和 Savelsbergh（2015）的研究中，深入探讨了雇佣少量专职司机为乘客服务的潜在好处、复杂性和成本。这项研究聚焦于理解专职司机模式对共享出行系统的影响，旨在提供对系统管理者和决策者的有价值的洞察结果，以更好地权衡服务质量、成本和复杂性之间的关系。另一方面，Nourinejad 和 Roorda（2015）提出了一种拼车匹配算法，构建了一个分散的共享出行系统。在这个系统中，虚拟司机和乘客代理人通过算法进行匹配，以评估潜在的匹配选项。这种分散的方法有望提高共享出行系统的灵活性和适应性，为用户提供更加个性化的服务体验。这些研究为共享出行系统的优化和创新提供有益的方法和理念。

研究拼车问题的文献相对少得多。Daganzo（1981）构建了拼车问题的 Beckmann 变换，Sheffi（1985）首次提出拼车问题的多模式均衡模型，但是没有考虑小汽车的容量约束。在多模式均衡状态下，每种出行模式的用户不能通过单方面地改变路径或是交通模式来优化出行费用。Yang 和 Huang（1999）研究在多条道路上考虑拼车行为的确定性均衡模型，分别分析有拼车道路和无拼车道路的情形。Huang 等（2000）研究独驾司机和拼车出行者这两种出行方式的博弈行为，不仅分析了不收费情形下的确定均衡模型与随机均衡模型，而且分析了社会最优情形下的确定均衡模型与随机均衡模型。在一般的道路网络中，Song 等（2015）将路径选择这部分的多模式收费均衡模型构建成一个变分不等式问题，选择用 Logit 形式的模型表达该模式。Xiao 等（2016）研究考虑拼车行为的早高峰通勤问题，而且分析了目的地处有停车空间约束的情形。研究结果发现，跟独驾司机相比，拼车出行者为了消除额外增加的拼车费用有较短的高峰时间。但是，以上研究没有考虑共享出行乘客这种出行模式。

近年来，共享出行领域的研究逐渐考虑其对交通道路网络中路径选择行为的影响。在传统的用户均衡模型中，出行者仅需选择从出发地到目的地的路径，以最小化路径出行时间或费用（Wardrop，1952）。然而，随着共享出行行为的引入，研究者们开始关注出行者在路径选择中需要同时考虑独自驾驶、担任共享出行司机以及作为共享出行乘客乘车这三种模式之间的选择（Xu 等，2015a、2015b），并致力于最小化路径出行时间或费用。这一新的研究方向意味着，在交通道路网络中，个体出行者的决策过程变得更加复杂，出行者需要在不同出行模式之间进行权衡和选择，考虑因共享出行而带来的潜在影响。这可能包括考虑共享出行对出行时间、费用以及个体行程便利性的综合影响。

Bahat 和 Bekhor（2016）提出一种模式选择与交通分配的组合模型，将共享出行合并到用户均衡框架中，考虑流量依赖的等待时间，分析模式选择参数和网络条件的依赖性对共享出行的影响。Liu 和 Li（2017）在考虑共享出行行为的情况下，研究早通勤问题的动态用户平衡问题，推导出一个时变的收费框架，并结合共享出行价格，从消除排队延迟到实现系统最优。与无收费均衡相比，收费均衡吸引了更多的通勤者使用共享出行模式，从而减少拥堵和个人出行成本。Xu 等（2015a）在静态交通分配模型中加入了共享出行模型，假设合乘司机只能搭载有相同的出发地和目的地的（即有相同 OD 对的）乘客。在此类用户均衡状态下，没有人可以通过改变路径选择或模式选择来改善他/她的路径出行成本。Xu 等（2015b）放松相同 OD 对的假设，并将非弹性出行需求的问题转化为一个混合互补的问题，假设在任何时间，共乘司机可以在任何地方乘载或放下乘客，从数值结果中得出降低价格参数会增加共乘旅行者的数量，从而减少拥堵程度的结论。在 Xu 等（2015b）的基础上，Di 等（2017，2018）进一步提出考虑 HOT 道路（High-Occupancy Toll lane）和网络设计（Network Design Problem，NDP）的 RUE 问题，分析 HOT 道路的收费对共享出行和交通道路拥挤的影响。

本书的主要目标在于建立一个考虑共享机制的用户均衡模型，即 Ridesharing User Equilibrium（RUE）模型。在该模型中，假设一个共乘乘客可以被不同出发地和目的地对的共乘司机搭载，但整个出行过程中，一个共乘乘客只能被一个共乘司机搭载。通过这一模型，旨在深入了解共享出行与交通拥堵之间的关系，并研究共享出行行为对均衡流量分布的影响。在 RUE 模型中，考虑共乘乘客与共乘司机之间的动态匹配过程，以及共享出行可能对整体交通流量产生的影响。通过分析共享机制下的用户均衡，能够揭示共享出行行为如何影响道路网络的均衡状态，并评估共享出行对交通拥堵缓解的潜在效果。

2.3 不确定性出行环境下的交通行为

以往的研究中，路径选择问题通常假设出行者面对确定的出行环境。事实上，交通网络具有内生和外生的不确定性，且不确定性的来源有很多：首先，不确定性来源于出行需求的日常波动，在高峰时段，出行需求可能会增加，导致某些道路拥堵，而在低峰时段，出行需求可能较为平稳。面对不同的出行需求波动，出行者可能会倾向于选择避开拥堵的道路或者选择出行时间，以尽量减少行程时间。因此，出行需求的波动直接影响了出行者的路径选择，使得他们更加倾向于选择相对畅通的道路，或者调整出行时间来适应不同的交通状况。其次，不确定性来源于道路通行能力的随机退化和交通事故，当道路通行能力受到随机退化或者发生交通事故的影响时，可能导致道路拥堵或者临时封闭，从而影响通行效率。面对这种情况，出行者可能需要重新选择路径，避开拥堵或封闭的道路，以减少行程时间和避免额外的延误。故促使出行者考虑更多的替代路径，并可能调整出行计划以适应实际的交通状况。临时交通管制等因素也是不确定因素之一，临时交通管制会对出行者做出的路径选择产生影响。当出现临时交通管制时，某些道路可能会关闭或限制通行，可能会导致出行者需要调整原定的路径。出行者可能会选择避开受管制的区域，寻找替代路径到达目的地，以减少延误和不便的情况。除去以上人为因素，不确定的天气反常因素也是不确定来源的组成部分，反常天气会对出行者做出路径选择产生重要影响。在遇到暴雨、大雪或台风等极端天气时，道路通行可能受到限制或变得危险，这可能导致出行者需要调整原定的路径。出行者可能会选择避开受天气影响较大的区域，寻找更为安全的道路来达到目的地，以最大程度地减少风险和延误。此外，出行者还可能会考虑天气变化的时段和范围，以更好地规划自己的行程。反常天气直接影响着出行者的路径选择，促使他们在面对不确定的天气情况时做出灵活的决策。

1. 期望效用理论

20 世纪 40 年代，Von Neumann 和 Morgenstern（1944）在公理化假设的基础上提出期望效用理论（EUT），建立起不确定条件下对理性人选择进行分析的框架。展开来讲，该理论是关于不确定性决策的规范理论。该理论假设决策者是"理性人"，能对未来发生的事件结果具有充分的认知，且事件发生的结果是客观确定的，它的决策准则是期望效用最大化。也就是说，决策者在面对具有不确定性的风险决策时，会选择具有期望效用最大的候选方案。

随着学者对 EUT 的深入研究，发现 EUT"理性人"的假设在现实中存在局限性。EUT 理论描述了"理性人"在风险条件下的决策行为。但实际上人并不是纯粹的理性人，决策还受到人复杂的心理机制的影响。因此，EUT 对人的风险决策的描述性效度一直受到怀疑，期望效用理论难以解释一些实验结果，如埃尔斯伯格（Ellsberg）悖论（1961）、阿莱（Allais）悖论（1953）等现象。EUT 没有考虑人们效用的模糊性，也没有考虑个体主观概率的模糊性；EUT 不能解释偏好的非传递性、不一致性、"偏好反转现象"、不可代换性、观察到的保险和赌博等行为。现实生活中，做决策的人们并不是纯粹的"理性人"，还有可能受到人的复杂心理等因素的影响。此外，随着实验心理学的不断发展，预期效用理论在实验经济学的一系列选择实验中受到了一些"悖论"的挑战。实验经济学在风险决策领域进行的实验研究采取最广泛的是彩票选择实验（Lottery-choice Experiments）。在这些实验中，实验者根据一定的实验目标，在一些配对的组合中进行选择，这些配对的选择通常在收益值及赢得收益值的概率方面存在关联。通过实验经济学的论证，同结果效应、同比率效应、反射效应、概率性保险、孤立效应、偏好反转等"悖论"的提出对预期效用理论形成了重大冲击。这些挑战推动了对决策行为和风险决策模式的更深入研究，并促使学者们进一步探讨和完善决策理论。为了更合理地解释现实中决策者表现的"有限理性"，前景理论、后悔理论和失望理论相继得以发展，下面将详细介绍这些理论，分析它们在决策过程中的作用和影响，以及它们对传统决策理论的补充和完善。

2. 前景理论

基于 Simon 有限理性的基础，前景理论（PT）是由 Kahneman 和 Tversky（1979）提出的一种风险决策模型，用于描述分析人们在面临风险和不确定性条件下的决策行为。该理论认为，由于决策者自身的认知及判断的局限性，在面临风险和不确定的条件时做出的决策并不是完全理性的，通过考虑决策者的价值变化量和决策者的风险态度等因素，采用实际调查和实验分析的方法，建立数学模型来描述风险以及不确定条件下的决策者决策行为。Tversky 和 Kahneman（1992）进一步对效用度量框架进行了扩展，提出了"累积前景理论"（Cumulative Prospect Theory，CPT）。Kahneman 获得了 2002 年度诺贝尔经济学奖，主要贡献在于：在不确定情况下，将人们的心理上的复杂因素应用到了经济学当中，在对个体的决策和判断等方面具有突出的贡献。Prelec（1998）针对概率权重函数进行了深入研究。

以现实中的个体为研究对象，PT 统一考虑个体的价值感受性和理性趋利性，能够更为精准地描述在不确定条件下人们的实际决策机制，适合解释决策者实际决策行为。在现实生活中，每个人的理解能力有限，信息通常是不充分的，决策又需要在某一个时刻做出。在这种情况下，大多数人既不具备精确的计算能力，也不容易思考到所有的可能性，决策者的直觉、理解能力、态度、情感等价值感受影响因素会对决策起到重要作用（Tversky 和 Kahneman，1991；徐红利等，2010、2011；田丽君等，2014、2015；Tian 和 Huang，2015；Tian 等，2015）。假定个体均是理性的，而这种绝对理性的假设忽略了个人的非理性影响要素。

前景理论是一个描述性的决策模型，该理论中的风险决策过程有两个：编辑和评价（Barberis 和 Huang, 2005）。在编辑阶段，个人依赖框架（Frame）和参照点（Reference Point）等来采集和处理信息；在评价阶段，个体凭借依赖价值函数（Value Function）和主观概率（Subjective Probability）的权重函数（Weighting Function）对信息进行判断。根据以往的经验，价值函数主要有3个特征：在面临获得时，大多数决策者是风险规避的；在面临损失时，大多数人是风险爱好的；决策者对损失比对获得更敏感。因此，在面临获得时，个体总是小心翼翼，不愿冒风险；而在面对失去时，决策者容易不甘心，会冒险。人们对损失和获得这两种心理因素的敏感程度是不同的，损失时的痛苦程度要大大超过获得时的快乐程度。

前景理论根据参考点将候选方案划分为损失或获得（Apesteguía 和 Ballester, 2004；Tian 等, 2012）。一般来说，参考点能够改变前进的偏好顺序，所以参考点的定义直接影响候选方案的评估（Thaler, 2008）。参考点依赖的特征也得到了实证数据的支持，并且被当作解释决策者风险态度的一个重要因素（Sagi, 2006）。如何确定参考点是一个开放的研究话题，特别地,它如何在不同的个体之间改变或当同一个个体在类似的环境下不断重复风险决策获得经验时是如何改变的（Palma 等, 2008）。一般来说，参考点的确定通常需要体现一些重要特征，如目标的重要性程度。很多学者在这方面进行了拓展，Sugden（2003）允许参考点是不确定的，Schmidt（2003）分析了参考点改变带来的影响，Popescu（2007）等进行动态收费情形下改变参考点的研究。Avineri（2006）将前景理论与随机用户均衡问题相结合，借助一个简单的道路交通网络研究参考点在路径选择行为中的重要性。在累积前景理论的框架下，Connors 和 Sumalee（2009）构建了一个变分不等式问题，用来表示与之等价的用户均衡模型，描述了具有不确定出行时间出行者的路径选择行为。Xu 等（2011b）假设出行者为保证能够准时到达目的地的概率形成内生的参考点，并在此基础上确定最优的收费水平。Tian 等（2012）

在累积前景理论的框架下构建了对应的动态交通分配模型。通过实证数据，Jou和Chen（2013）验证了大部分出行者的路径选择行为能由累积前景理论来解释。王倩等（2013）考虑个体能在预算时间内到达的可靠程度等因素内生出相应的参考点，并对比分析累积前景理论与期望效用理论的结果，验证累积前景理论描述出行者路径选择行为的有效性。

前景理论的应用非常广泛，在各个领域有着重要意义。金融领域中，前景理论被用于解释投资者的决策行为，尤其是在股票市场中，它有助于理解投资者对风险和收益的态度，以及他们的买卖决策是如何受到损失厌恶和参考点的影响。许多投资者做出购买决策时，过分关注亏损情况，则会更有可能做出保守策略。行为经济学中，前景理论被广泛运用于解释人们在日常生活中的各种决策，如健康选择、保险购买等。它有助于理解人们为什么会做出看似非理性的决策，以及如何改变决策环境以更好地引导人们的选择。组织管理中，前景理论有助于管理者更好地理解员工和团队成员的决策过程，并设计相应的激励措施和培训计划。营销领域中，营销人员可以利用前景理论的原理来设计产品定价、促销活动和广告策略，以更好地吸引消费者并影响其购买行为。

前景理论的提出揭示了人们在面临风险和不确定性时的行为偏好，这对于研究人类决策行为具有重要意义。前景理论认为，人们更倾向于避免损失而非获取同等价值的收益，这一发现深刻影响着营销、金融和行为经济学等领域。前景理论尽管提供了有价值的见解，然而也存在一些局限性。首先，该理论建立在人们是理性决策者的假设之上，而事实上，人们的决策行为往往受到情绪、社会因素和信息不完全等多种因素的影响。其次，前景理论未能充分考虑时间因素与不确定因素的影响，导致在解释人们面对长期风险时的决策行为方面存在局限。因此，在研究和应用前景理论时，需要综合考虑多种因素，并结合实际情况进行分析和调整。

通过实证分析出行者的风险选择行为，发现基于前景理论的分析结果与实证数据比较吻合，验证了有限理性行为分析方法在交通路径选择问题上的适应性，但是前景理论参考点的选择和风险系数的确定等问题仍然是学者们研究的热点。

3. 后悔理论

1982 年，Bell，Loomes 和 Sugden 分别独立地提出后悔理论（RT），亦称为遗憾理论，其核心思想在于决策者会对自己所处的现实状况与本可能处于的状况进行比较。如果决策者发现自己选择其他方案能够得到更好的结果，则内心会感到后悔，反之，会感到高兴。他们将后悔和高兴（与后悔相对的一种心理）两种心理因素引入个人风险决策中。后悔理论认为，个人的选择结果不仅依赖于选择方案的物理效用，还取决于与另一个备选方案（选择集中只有两个方案）的物理效用比较后得到的后悔或高兴的心理，即，当决策者要在两个选择方案中做出选择时，若决策者发现当前选择方案比另一个备选方案得到更好的结果时，决策者会感觉到后悔；相反，当前选择方案的结果优于另一个备选方案的结果时，决策者会感觉到高兴。后悔理论同样解释了 Ellsberg 悖论和 Allais 悖论以及非传递性和偏好反转等有限理性行为（Starmer，2000；张顺明和叶军，2009）。

Bell（1982），Loomes 和 Sugden（1982）提出的后悔理论属于预期后悔理论，该理论将情感与动机的因素合并到期望结构中。预期后悔理论认为个体在做决策时会对未来事件或情形的预期反应进行评估，并考虑这些预期情绪如何影响效用函数。决策者通常会力争将后悔程度降至最低，因此在做决策时会尽量避免可能引起较大后悔的选择。具体而言，在做决策时，如果面临选择熟悉的方案和不熟悉的方案，决策者更倾向于选择熟悉的方案，即使其他方案可能带来更好的结果。这是因为决策者预期选择熟悉的方案会减少后悔的可能性，相比之下，选择不熟悉的方案则会增加后悔的潜在风险。因此，预期后悔理论认为个体的决策行为受到对未来后悔情绪的影响，从而导致他们更倾向于选择相对"安全"的选项，尽量避免可能带来更大后悔的决策。

后悔理论提供了一种新的思路，强调个人的决策不仅受到选择方案的物理效用影响，还取决于对选择结果与可能替代结果的情感反应。具体而言，当决策者发现自己的选择是最佳的时候，会产生高兴情绪；反之，如果发现自己的选择并非最佳，就会感到后悔。这种情感反应影响着个人对未来不确定选择的预期，从而在下一次决策时产生影响。后悔理论的引入为行为经济学和心理学领域的研究提供了新的视角，帮助解释和预测个体决策行为，也为实际决策提供了重要启示。这一理论对于解释 Ellsberg 悖论、Allais 悖论以及其他有限理性行为现象具有重要意义，拓展了我们对人类决策行为的理解。

4. 失望理论

Bell（1985）首次研究了失望理论（DT），他们将失望和满意两种心理因素引入个人风险决策中，失望是对结果不符合预期的一种心理反应，差距越大失望就越大。失望理论是指当决策者当下选择的结果低于预期时，失望就产生了；反之，当出行者路径选择的结果超过预期，产生满意的心理。当下选择的结果和预期之间差距越大，决策者的失望或满意就越大。失望理论假定所有情绪都能对消费和使用体验的基础价值产生附加价值，整合了失望和满意的情绪的效用函数。具体而言，满意情绪会为基础价值增加附加的价值，而失望情绪则会导致基础价值减少。失望理论认为情绪对决策者的效用感受有着重要影响，满意情绪会产生价值溢价，而失望情绪则会导致价值折扣。失望理论的一个关键特点是，在边缘情况下，这两种情绪都能够显著地增加或减少体验的价值，这导致满意溢价呈现凹形，失望折扣呈现凸形。换言之，当体验接近期望时，满意情绪会呈现出更大的增加效用，而失望情绪也将导致更大的减少效用，从而影响决策者的选择和行为。

在行为决策方面，失望理论提供了一种新的思路。其主要思想是：个体在做出决策后会将所处的实际情况与自身的预期进行比较。如果所做的选择好于预期，决策者会感到高兴和满意；相反，如果决策者发现自己的选择低于预期，则会感到失望和不满。这种情绪反应会影响他们对未来不确定选择的态度。特别是，在面对下一次不确定选择时，决策者会根据以往的经验形成感知失望的成本，并尝试避免重复出现类似的失望情境。因此，失望理论认为个体的情绪反应将影响其未来的决策行为，从而在行为决策过程中具有重要作用。失望理论广泛运用于很多领域，Loomes 和 Sugden（1986）通过将一个简单的失望-高兴函数整合到个人选择的模型中，观察到许多违反传统预期效用公理的行为——包括违反萨维奇的确定事件原则（Sure-thing Principle）和隔离效应（Disjunction Effect）；Gul（1991）构建了一个对彩票偏好的公理模型，结果表明该模型符合阿莱悖论，并包含期望效用理论作为特例，且只比期望效用模型丰富一个参数；Zeelenberg 等（1998）要求研究参与者回忆一个强烈的后悔或失望的例子，在每一项调查中都发现后悔和失望之间的显著差异；Van Dijk 和 Zeelenberg（2002）对失望情绪进行实证研究，特别关注结果比预期糟糕所产生的失望，该研究认为，情绪词"失望"是指两种不同的情绪体验，即结果相关的失望和人相关的失望，一项实证研究的结果支持了这一区别，表明这两种失望类型彼此不同，在评价和反应类型方面也不同于愤怒和悲伤。Sonsino（2008）研究失望厌恶对网上拍卖决策行为的影响；Gill 和 Prowse（2012）研究失望心理在实际的竞争环境中如何影响人的决策行为；Liu 和 Shum（2013）分析了失望厌恶对顾客策略性购买行为及公司定价与配给决策的影响；曹兵兵等（2019）构建了基于失望理论的零售商订货与广告联合决策模型；Zhang 等（2019）提出一种基于失望理论的双边匹配决策方法。近年来，一些学者将失望因素纳入路径选择的研究。Fonzone 等（2012）综合分析失望、后悔和风险规避对路径选择的影响。De Carvalho 等（2016）通过贝叶斯信念更新机制对出行时间均值及方差进行调整，构建了基于失望和后悔的动态路径选择模型，将失望理论纳入影响出行者路径选择的因素中。

2.4 现有研究的不足

总的来说，在不确定条件下，传统的路径选择行为研究假设出行者是完全理性的，即在已知的网络拓扑结构、路段的出行成本和 OD 对的出行需求，出行者总是选择其所认知到的效用最大或出行成本最小的路径。真正从行为学角度出发对现实生活中的交通行为进行建模的研究较少，尤其是分析失望这种心理感受和共享出行行为的研究更少。

在不确定条件下，传统的路径选择行为研究以期望效用理论或随机效用最大模型为基础，假设出行者是完全理性的，总是选择出行成本最小的路径。随后，对决策者完全理性的假设与现实生活中表现的有限理性出现矛盾，因此，前景理论、有限理性、后悔理论和失望理论等相继得到发展，这些理论均能更好地描述不确定性交通网络中出行者的决策行为，从中得到的结果更符合实际。目前，考虑失望心理的路径选择行为研究存在的不足主要体现在以下几点。

① 刻画出行者的失望厌恶水平通常被忽略。

② 在考虑失望心理的路径选择模型中，刻画多类型出行者的异质性（如时间出行价值、失望厌恶水平）通常被忽略。

③ 考虑失望理论的动态用户均衡模型通常被忽略。

跟传统的交通分配模型相比，考虑共享机制的交通分配模型的出行者不仅要选择路径，还要选择出行模式。现有的考虑共享机制的出行行为研究存在的不足有以下几点。

① 刻画共享出行司机的额外出行成本和补贴通常被忽略。

② 在现有的研究中，共享出行乘客可能会被多个共乘司机搭载，这与现实中乘客的路径选择出行行为不符。

③ 在考虑共享机制的交通分配问题中，出行者的异质性通常被忽略。

03
PART THREE

第 3 章

考虑共享出行的用户均衡模型

"共享经济"最早由学者 Felson 和 Spaeth 提出，是指当个人或组织拥有闲置资源时，可以通过资金转移等方式将资源使用权让渡给他人而收取一定使用费的方式。共享经济代表了一种创新的经济形态，它起源于交通行业，并在共享交通的推动下，逐步渗透到人们日常生活的多个方面，涵盖了不同个体或组织在社会生活中对商品和服务的共享。它主要指人们利用闲置资源进行生产经营活动，并从中获得相应收益的现象。在现代社会中，由于人们对自己拥有的部分物品的利用率相对较低，但通过互联网和其他科技手段的应用，共享经济显著提升了大量闲置物品的使用效率，从而有效地提升了人们的生活品质，而共享出行作为共享经济的重要组成部分，大大改变了人们的出行生活方式。

随着城市经济的迅速发展，全国范围内的私家车保有量持续快速增长，交通拥堵已成为当代世界大城市面临的难题，不仅造成了出行个体时间和金钱上的浪费，而且增加了空气污染物的排放量及能源的浪费（黄海军，1994）。由于传统出行方式所带来的种种缺点与不便，人们对环保和节能的出行方式的需求日益增长。近年来，由于 GPS、手机通信、电子支付等技术的快速发展，共享出行平台提供了司机和乘客之间的实时匹配服务（Fonzone 等，2016），比如，滴滴出行、优步（UBER）。共享出行模式可能是一种改善交通运输系统的有效方式，有助于减少出行时间、交通成本、交通拥堵、空气污染排放和能源消耗（Hmčiř 等，2015）。共享出行不需要新建交通基础设施，而且比公共交通提供更多的便利，已经成为一种新型的具有一定替代性的出行选择。共享出行的机制很简单，共享出行司机（或称为共乘司机）为共享出行乘客（或称为共乘乘客）提供乘车服务，有类似行程和时间安排的乘客向共乘司机支付一定的费用（Furuhata 等，2013）。共享出行的交通模式一方面满足了一部分出行者的自驾需求，另一方面也避免了闲置的独驾车辆资源无法被有效利用所带来的浪费。

截至目前，共享出行在全球范围内已成为一个重要且不断发展的领域，它正在改变全球的交通格局，同时也带来了一系列的挑战和机遇。就目前共享出行在全球的发展现状来看，主要有以下几个特点：第一，共享出行市场正在快速增长，越来越多的消费者和企业选择共享出行服务作为交通的主要方式；第二，共享出行提供多样化的服务，不仅包括共享汽车服务，还扩展到共享自行车、共享电动车，甚至共享直升机服务，这些服务满足了不同消费者的不同需求；第三，共享出行服务已经扩展到世界各地，不同国家和地区根据自身特点发展了不同形式的共享出行服务；第四，共享出行正在不断创新技术，以达到改善服务质量，优化用户体验，提高路线规划和车辆分配的效率为目的。

当前，共享出行的研究主要集中在动态的司机和乘客匹配问题上，即优化共享出行系统中司机和乘客之间的匹配问题（Nourinejad 和 Roorda，2015；Simonetto 等，2019；Tafreshian 和 Masoud，2020；Fielbaum 等，2021）。而拼车问题的研究（Daganzo，1981；Huang 等，2000；Song 和 Yin，2015；田丽君等，2016；Ma 等，2020；Zhu 等，2021）没有考虑共乘乘客这种出行模式。近年来，一些学者开始考虑共享出行在交通道路网络中对通勤者的出行行为的影响。在传统的用户均衡模型中，出行者只选择从出发地到目的地的路径，以最小化其路径出行时间或费用（Wardrop，1952）。由于共享出行行为的引入，出行者不仅要选择从出发地到目的地的路径，而且还要从独驾、作为共乘司机驾驶、作为共乘乘客乘车这 3 种模式中进行选择（Xu 等，2015；Di 等，2017、2018），以最小化广义的路径出行成本。Xu 等（2015）首次提出考虑固定需求的共享出行用户均衡（Ridesharing User Equilibrium，RUE）问题，并将其转化为一个等价的混合互补性问题。

在 Xu 等（2015）的 RUE 模型基础上，Di 等（2018）进一步提出考虑网络设计的共享出行用户均衡问题，此外还考虑 HOT 道路（High-Occupancy Toll lane）及收费对共享出行和交通拥挤的影响。尽管 Xu 等（2015）能够描述 RUE 模型中独驾司机和共乘司机灵活地变换出行模式，但是该模型的假设使得共乘乘客在到达目的地之前可能被多名共乘司机搭载，这样的可能性在现实世界中是不切实际的，且不道德的。为了改进这个问题，Di 等（2017）增加了一个约束条件，即一起共乘的出行者具有相同的 OD 对。此外，Di 等（2017）还将 HOT 道路加入到 RUE 模型，研究 HOT 道路对出行者共享行为的影响。尽管 Di 等（2017）克服了 Xu 等（2015）提出的 RUE 模型中的缺点，但一起合乘的用户必须具有相同 OD 对的约束是比较严格的，本章旨在构建一个考虑共享机制的用户均衡模型（RUE），假设一个共乘乘客可以被不同 OD 对的共乘司机搭载，但是整个出行过程一个共乘乘客只被一个共乘司机搭载且一个司机只载一个乘客。表 3.1 给出了 Xu 等（2015），Di 等（2017）和本章提出的 RUE 模型的区别。从表 3.1 还可知：本章和 Di 等（2017）提出的 RUE 模型定义的路径总成本（不可加）均是基于路径的，而 Xu 等（2015）的 RUE 模型定义的路径总成本（可加）是基于路段的。

表 3.1　三个 RUE 模型的区别

RUE 模型	共乘出行者的 OD 对	路径成本的可加性	乘客被几个司机搭载
Xu 等（2015）的 RUE 模型	可不同 OD 对	可加	可多个
Di 等（2017）的 RUE 模型	相同 OD 对	不可加	一个
本章提出的 RUE 模型	可不同 OD 对	不可加	一个

事实上，共乘司机有可能需要绕道去乘载或放下共乘乘客，同样的道理，乘客也会承受等待司机来接的成本，这些额外的成本对共乘司机和乘客来说代价（或成本）是比较高的，不利于鼓励司机和乘客与其他出行者进行合乘。为了鼓励出行者使用共享出行模式，本章考虑给共乘司机和乘客提供一些适当的共享出行补贴（或称为奖励）。总之，本章通过引入两个假设旨在构建一个比较符合现实的 RUE 模型：一个共乘乘客只被一个共乘司机搭载且一个司机只与一个乘客合乘；共乘司机和乘客均可获得额外的共享出行补贴，乘客可获得共享出行成本优惠。本章提出的 RUE 模型是一个基于路径的受约束的共享出行用户均衡模型，主要研究考虑共享机制的静态交通分配问题。本章的最后，在算例部分分析了关键参数（如乘客的共享出行成本优惠、共乘司机的共享出行奖励和乘客的共享出行奖

励）对均衡结果的影响。

【案例分享】

传统出行方式所显现的种种弊端激励着人们寻求更为环保绿色的出行方式，我国巨大的出行需求、互联网技术的发展与应用、政策的支持等因素使得滴滴出行这款具有代表性的共享出行软件应运而生。自滴滴出行平台建立以来，人们可以享受更加便捷的出行服务，节省大量时间和金钱，提高出行效率，一定程度上缓解了城市交通拥堵问题，降低了环境污染程度，为城市的可持续发展贡献了重要的力量。近年来，滴滴出行持续改进自己，在不断拓宽业务的同时，也在扩大自己的服务范围，滴滴出行目前已经在一些地区扩大了对农村地区的覆盖。针对农村地区的特点，滴滴出行推出了一些针对性的服务和政策，以满足农村用户的出行需求。这些举措有助于改善农村地区的交通状况，提高农村居民的出行便利性，推动农村的经济发展和生活水平提升。

滴滴出行，作为中国最大的几个出行服务平台之一，其公司北京小桔科技有限公司成立于 2012 年，最初是一个专门为解决人们出行和打车困难问题而设计的打车软件。随着技术的进步和市场需求的增加，滴滴出行不断创新，推出了更多便捷的出行解决方案，例如智能派单系统、车辆共享服务等，为用户提供更加全面的出行选择，成为人们生活中不可或缺的一部分。随着滴滴出行用户数量的持续增长和业务领域的不断拓展，它已逐步演变为一个提供网约车、顺风车、代驾和公共交通等多样化出行服务的综合性平台，已然成为中国出行服务行业的佼佼者。滴滴出行在发展之初，充分利用了巨大的市场需求、移动互联网技术、交通拥堵问题和政策支持等因素，为用户提供便捷、安全的出行服务，并通过技术创新，拓宽业务模式，提供多元化的出行服务，除了传统的网约车服务，公司还推出了滴滴快车、顺风车、代驾、共享单车以及公交电子票务等多种出行服务，逐渐占领市场份额，成为出行服务的领头羊。

滴滴出行自 2012 年由程维和柳青在北京创立以来，经历了快速的发展和变革。2013年，公司推出了"滴滴打车"软件。2014年，滴滴还推出了专车和顺风车服务，进一步丰富了其出行服务的种类。2015年，滴滴打车正式更名为"滴滴出行"，2017年，滴滴出行推出了共享单车服务，这不仅丰富了公司的共享出行服务，也为出行者的上学和通勤提供了更加经济实惠的选择。2019年8月，滴滴出行宣布旗下自动驾驶部门升级为独立公司，专注于自动驾驶技术的研发和应用。

近年来，滴滴出行在持续扩大其业务的同时，也进行了一些业务方面和公司内部管理方面的变革。首先，滴滴出行扩张了国际业务，积极开拓海外市场，先后进入了墨西哥、巴西、澳大利亚等国家，通过收购、合作等方式将业务范围扩展到海外国家。其次，滴滴公司提供多元化的出行服务，除了传统的网约车服务，公司还推出了滴滴快车、顺风车、代驾、共享单车以及公交电子票务等多种出行服务来满足不同用户的需求。最后，滴滴出行加强了对于安全事故的预防和处理力度，推出多种安全措施，包括实名制认证、车内录音、软件自带报警按钮、行程跟踪、司机背景审核等措施，除此之外，滴滴出行建立了完善的投诉处理机制，用户可以对司机评价打分，也可以投诉举报，滴滴出行公司会对用户反馈的内容进行核查，一旦属实，会立即进行处理，并将处理结果反馈至用户。

顺风车的兴起对于交通出行具有重要意义，顺风车服务作为一种创新的交通方式，对社会和个体都带来了诸多好处。首先，利用顺风车出行有利于节能减排，通过乘坐顺风车可以减少交通网络中的车辆数量，进而降低能源消耗、减少碳排放和改善空气质量，有助于保护环境和应对气候变化。其次，顺风车出行可以缓解交通拥堵问题。通过合理规划路线和资源，优化车辆调度，减少车辆使用频率和行驶里程，有效提高道路资源利用率，改善城市交通拥堵状况，提升通行效率，为城市交通发展注入新活力。再次，顺风车出行符合双方利益。乘客可以享受到更便宜、更灵活的服务，司机也能因为提高载客率而获得更高的收入，促进了共享经济的发展，实现了互利共赢。最后，顺风车出行能够更好地满足乘客出行需求。

在乘客需求集中或共享车辆供给不足的地区，通过降低空座率，提高运力利用率，更好地满足乘客出行需求，提升服务水平，增强市场竞争力。在这个共享经济时代，顺风车的普及让人们逐渐习惯了一种更环保、更经济的出行方式。而随着科技的不断发展，智能化的顺风车服务也逐渐崭露头角。乘客可以通过手机应用（APP）实时了解车辆位置、评价司机服务，而司机则能够通过智能系统规划最优路线，提高服务质量。这种智能交互让顺风车出行更加便捷、高效，为人们的生活带来了更多的可能性。这也是共享经济和科技的巧妙结合，为城市出行带来了全新的体验。

总地来说，顺风车出行不仅有利于社会环境保护和交通效率提升，还可以促进经济发展和就业增长，为城市交通运输体系注入新动力，推动城市可持续发展。共享出行是未来交通发展的重要方向，应该得到更多的支持和推广。

"滴滴顺风车"是"滴滴出行"网约车平台的一款最具共享经济代表性的产品，是共享时代发展的产物，对高效利用资源有极大的好处。在这个共享时代，人们越来越注重资源的合理利用和环境的保护。滴滴顺风车的出现，不仅解决了城市出行难题，也促进了人与人之间的交流与沟通。

作为一个共同分担出行费用的网络拼车平台，滴滴顺风车的目标受众主要是计划出行或者规律出行的私家车车主和乘客。通过将出行的线路、时间和空座数量发布于平台，司机可以方便地找到合适的乘客，并共同分享出行费用。与其他产品相比，滴滴顺风车在整个滴滴出行网约车平台上提供了最低的乘客出行费用。事实上，它甚至低于传统出租车所需支付的出行费用。这使得更多的乘客选择滴滴顺风车作为他们的出行方式，以节省开支。与其他服务相比，滴滴顺风车并不过分要求出行时效性。司机们并不追求盈利，而是期望通过共享车程来节约出行成本。因此，即使乘客的行程可能需要一些额外时间，他们也能以更低廉的价格获得出行的机会。平台对车辆和服务标准也没有太多的要求。这一特点使得更多的私家车车主有机会加入平台，提供自己的空座位给需要出行的乘客。对于私家车车主来说，这是一个无需太多投入就能获得一些额外收入的机会。与此同时，乘客们期望以最低的价格获得较好的出行体验。他们希望能够以经济实惠的价格享受舒适、便捷的出行服务。虽然滴滴顺风车对车辆和服务标准没有过多要求，但司机们仍然需要提供基本的安全和礼貌服务，以确保乘客的出行体验。同时，滴滴顺风车为乘客们提供的是一个简单易用的工具。在这样一个平台下，用户只需使用手机，就可轻松实现出行过程中的信息查询、订单处理以及位置显示等功能，极大地方便了人们的生活。

滴滴顺风车服务通过优化匹配算法、动态定价机制等方式来降低司机与乘客双方的成本。从乘客与司机的匹配程度以及司机路径选择角度来看，滴滴平台主要通过以下方式来降低成本：第一，高效的路线匹配，通过精确匹配乘客的目的地和司机的行程方向，系统确保司机在原有路线上接送乘客，减少了额外的行驶距离和时间。这样，司机可以在完成自己的行程的同时，额外赚取收入，而不会因为大幅绕路而增加油费和车辆磨损。第二，时间匹配，滴滴的算法会考虑乘客和司机的出行时间，尽量使司机和乘客在出行时间上是匹配的。这种匹配确保了司机不需要长时间等待或提前出发，从而降低了时间成本。第三，路径选择方面，滴滴的系统会根据实时交通状况优化行程规划，避开拥堵路段。这样可以减少司机在路上的时间和油耗，同时也提高双方的出行效率。

尽管顺风车的价格已经普遍低于一般出租车和其他类型网约车的费用，但是平台对顺风车的补贴依旧在进行。顺风车市场回暖，也让很多顺风车平台慢慢崛起，比如哈啰顺风车、一喂顺风车、嘀嗒出行顺风车等。在竞争激烈的顺风车市场上，新的平台纷纷涌现，各自打出独特的优势。哈啰顺风车注重推动绿色出行理念，一喂顺风车则专注提供高端车辆和贴心服务，而嘀嗒出行顺风车则以技术创新为卖点，推出更智能、更高效的乘车体验。在这个快速发展的领域，每个平台都在努力满足用户的多样需求，为城市交通注入了新的活力。随着顺风车市场的不断壮大，未来的竞争将更加激烈，而用户也将因此享受到更丰富、更便利的出行选择。

在经历过下架整改风波之后，原本处于顺风车前列的滴滴顺风车犹如风中残烛，为了重新抢占市场，滴滴顺风车平台在 2023 年国庆之前，便抢先发布了补贴计划，但是滴滴顺风车补贴的门槛较高，车主在其中两次行程里必须要拼座，才能拿到"满奖"。在该补贴计划发布后，滴滴顺风车平台迅速吸引了大批司机的关注。虽然补贴门槛较高，但在高额奖励的诱惑下，仍有众多司机积极参与。他们纷纷调整工作计划，加大接单量，争取在活动期间获得最大收益。而对于乘客来说，这也意味着更多的出行选择和更优惠的价格，滴滴顺风车再次成为人们出行的首选。对于司机来说，高补贴力度下，司机可能更有动力增加工作时间和接单量；低补贴力度可能会减少司机的工作时间或导致一些司机选择其他更有利可图的工作方式。

对于车主的加入，滴滴同样进行了补贴活动。在高额的补贴下，更多的司机选择加入滴滴顺风车平台，这同时也会造成司机的竞争日益激烈，一个司机可能需要付出更多精力和时间来与其他司机竞争订单，并提供更好的服务，以获取更多乘客和平台上更高的评分。随着竞争日益激烈，越来越多的车主纷纷提升服务水平。有的车主精心打理车内环境，为乘客提供舒适的乘坐体验；有的车主凭借丰富的驾驶经验，选择最短路线，让乘客更快抵达目的地。滴滴顺风车平台也推出了服务评分机制，鼓励车主提供优质服务。这一举措让整个平台的服务质量得到提升，乘客们更愿意选择那些评分较高的车主。在这个竞争激烈的平台上，服务质量成为吸引乘客的关键，让每位车主不断提升自己的服务质量，提高司机整体的素质素养。

此外，滴滴通过多种形式的司机奖励和补贴，完善分配机制，确保司机们获得合理稳定的收入，优劳优得。2023 年以来，每个月服务时长超过 30 小时的所有司机月均抽成为 13%，其中，5 成以上的司机月均抽成低于 15%，9 成以上低于 20%。高额补贴力度下，司机可能能够获得更高的订单量和收入。这对于全职或兼职依赖顺风车收入的司机来说，可以提供更稳定的收入来源。

滴滴出行还通过各种形式为各类乘客提供优惠活动，例如，邀请好友助力，即可获得一张无门槛快车券，通过社交裂变营销快速吸引新用户；此外，滴滴在天津、苏州等 6 个城市推出某活动，可获得 30 公里以内的优惠；在长沙、上海等 10 个城市上线限时、限区域的折扣券。针对学生群体，还升级了学生用户权益，符合要求的高校学生可以获得出行优惠券包。并且为了照顾具有价格敏感性的乘客，滴滴顺风车的价格略低于别的品牌。例如以北京为例，在同一时间选择同一出发点，终点定位均为首都机场 T3 航站楼，不使用优惠券的条件下，滴滴顺风车的价格为 34.89 元，嘀嗒平台的价格为 36.9 元，哈啰顺风车的价格为 48.5 元，如果使用平台优惠券，这段 25 公里左右的路程，滴滴顺风车的价格则为 30 元以下。为了吸引更多顺风车用户，滴滴除了额外的补贴，在基础车费方面也在压缩成本。因此，高额补贴力度下，用户可以享受相对较低的出行费用，从而拥有经济上的优势。这可能吸引一些价格敏感的用户选择顺风车服务。自 2023 年 2 月以来，滴滴出行 APP 每月新增用户始终维持在 700 万~900 万人，远超同类网约车平台。

3.1 考虑共享出行的用户均衡化模型构建

在经典的用户均衡模型中，给定网络拓扑结构、路段的拥挤成本函数和 OD 对的出行需求，用户总是选择其认知到的出行效用最大或出行成本最小的路径。在用户均衡状态下，没有人能通过单方面地改变路径选择来减少其路径出行成本。

共享出行行为的引入使得用户均衡模型变得更为复杂。给定交通网络的拓扑结构、路段的拥挤成本函数、与共享出行相关的成本函数和 OD 对的出行需求，出行者不仅要选择从出发地到目的地的路径，而且要进行模式选择，以最小化广义的路径出行总成本，而不是实际的路径出行成本，因为汽车容量约束的存在。在共享出行用户均衡状态下，没有人能通过单方面地改变路径选择或出行模式选择来改进其广义的路径出行成本。

考虑一个城市道路交通网络 $G(N,A)$，N 为节点集合，A 是路段集合。假设 $G(N,A)$ 是具有多个 OD 对的有向网络，即从任意一个起节点出发至少存在一条路径能够到达其他终节点。本章的目标是要找到共享出行均衡状态下出行者的路径选择和出行模式选择。

3.1.1 模型假设

本章提出的共享出行用户均衡模型，有如下假设：

① 对于每一个 OD 对来说，出行需求（即出行总人数）是事先给定的。

② 出行者被分为 3 类：独驾司机、共乘司机、共乘乘客。

③ 每辆汽车搭载乘客的数量（即汽车容量）是有限的，且是事先给定的。

④ 在整个出行过程中，乘客必须保持乘客的身份，司机也必须保持司机的身份，但是司机可以在独驾司机和共乘司机这两种模式间进行变换。

⑤ 乘客可以被不同 OD 对的共乘司机搭载，但是每个乘客只被一个共乘司机搭载来完成他/她的出行任务，且一个司机只载一个乘客。

⑥ 为鼓励出行者参与共享出行模式，为共乘乘客提供共享出行成本优惠，为共乘司机和乘客提供额外的共享出行奖励（或称为补贴）。

前 3 条假设是现有的两个 RUE 模型，即 Xu 等（2015）的 RUE 模型和 Di 等（2017）的 RUE 模型的共同假设。此外，Di 等（2017）的 RUE 模型还假设，乘客只能和相同 OD 对的司机进行合乘；而 Xu 等（2015）的 RUE 模型还假设，乘客可被一个或多个共乘司机搭载，也就意味着：司机在完成出行任务的过程中可以在独驾司机和共乘司机这两种模式间进行变换，即可能存在一个乘客在某个中间节点处被放下，然后被另外一个或多个不同的司机搭载来完成出行任务。最后 2 个假设使得本章提出的 RUE 模型独立且优于现有的两个 RUE 模型。

3.1.2 决策变量

在城市交通网络 $G(N, A)$ 中，用 K 表示 OD 对集合，R_k 表示连接 OD 对 $k \in K$ 的路径集合，且假设 R_k 中的每条路径都是无环的。因此，可用 $R = \bigcup_{k \in K} R_k$ 表示所有 OD 对的路径集合。

在介绍决策变量之前，先描述两条路径的关系。给定一个网络中的两条路径 $p \in R_l$ 和 $q \in R_k$（其中 $k \neq l$ 或 $k = l$ 均可），路径 $p \in R_l$ 可能是路径 $q \in R_k$ 的子路径。为了刻画路径之间的这种关系，令 Δ 是一个维度为 $|R| \times |R|$ 的矩阵，矩阵的元素 Δ_{pq} 数值为 1 或 0。$\Delta_{pq} = 1$ 表示路径 p 是路径 q 的子路径（或称路径 q 是路径 p 的父路径），路径 p 和路径 q 可能具有相同或不同的 OD 对；其他情况下 $\Delta_{pq} = 0$。

正常情况下，要求路径流量是非负的。由于共享出行行为的引入，因此决策变量包含 3 类出行模式的路径流量。本章的路径流量变量，即本章提出的 RUE 模型的决策变量，定义如下。

f_r^{SD}：路径 r 上的独驾司机数，其中 $r \in R_k$，$k \in K$；

f_{pr}^{RD}：路径 r 上的共乘司机数，路径 r 上的共乘司机与路径 p（路径 r 的子路径）上的乘客合乘，其中 $r \in R_k$，$r \in R_l$，$k \in K$，$l \in K$，$\Delta_{pr} = 1$；

f_{rq}^{RP}：路径 r 上的共乘司机数，路径 r 上的共乘司机与路径 p（路径 r 的父路径）上的司机合乘，其中 $r \in R_k$，$q \in R_l$，$k \in K$，$l \in K$，$\Delta_{rq} = 1$。

特别需要说明的是，上标 SD、RD 和 RP 分别表示交通网络 $G(N, A)$ 中独驾司机出行模式、共乘司机出行模式和共乘乘客出行模式。上述决策变量的下标不包含 OD 对信息。这是因为 OD 对信息可从路径信息上获得，即可知其相应的起节点和终节点。

由路径流量 f_{pr}^{RD} 和 f_{pr}^{RP} 的定义可知，当 $\Delta_{pr}=1$，即路径 p 是路径 r 的子路径时，路径 r（$r \in R_k$，$k \in K$）上的共乘司机与路径 p（$p \in R_l$，$l \in K$）上的乘客合乘同一汽车。当 $l=k$ 时，表示路径 r 和路径 p 是连接相同 OD 对的路径集合中的两条路径（此时 $r=p$，因为相同 OD 对）；当 $l \neq k$ 时，表示路径 r 和路径 p 是连接不同 OD 对的路径集合中的两条路径。

本章提出的 RUE 模型和现有的 RUE 模型的区别主要体现在可行路径集上。本章提出的 RUE 模型假设一个共乘乘客在他/她的整个出行过程中只能被一个共乘司机搭载；Xu 等（2015）的 RUE 模型假设一个共乘乘客可由一个或多个共乘司机搭载；而 Di 等（2017）的 RUE 模型假设一个共乘乘客只可由相同 OD 对的一个共乘司机搭载。由于 3 个 RUE 模型的假设不同，导致每个模型的可行路径集也是不同的。Di 等（2017）的 RUE 模型只允许相同 OD 对的司机与乘客合乘；本章提出的 RUE 模型和 Xu 等（2015）的 RUE 模型不仅允许相同 OD 对的司机与乘客合乘，而且允许不同 OD 对的司机与乘客合乘。

根据定义，本章提出的 RUE 模型的路径可以分为 3 类：① 独驾司机路径；② 与相同或不同 OD 对的乘客共享出行的共乘司机路径；③ 与相同或不同 OD 对的司机共享出行的共乘乘客路径。

3.1.3 汽车容量约束和其他约束

1. 汽车容量约束

由于共享出行行为的引入，与现有的 RUE 模型类似，本章提出的 RUE 模型也有两类边界约束，如式（3.1a）和式（3.2b）所示：

$$f_{pr}^{RD} \leqslant f_{pr}^{RP}, \quad \forall r \in R_k, \ p \in R_l, \ k \in K, \ l \in K, \ \Delta_{pr}=1 \quad (3.1a)$$

$$f_{pr}^{RP} \leqslant C f_{pr}^{RD}, \quad \forall r \in R_k, \ p \in R_l, \ k \in K, \ l \in K, \ \Delta_{pr}=1 \quad (3.1b)$$

不等式（3.1a）表示每个共乘司机与至少一个乘客共享同一辆汽车。

不等式（3.1b）意味着每辆汽车的乘客数量不能超过 C，其中 C 表示每辆汽车最多能搭载的乘客数。需要注意的是，这里的边界约束是基于路径的，不是基于路段的。基于路径的边界约束要比基于路段的边界约束更精确。这是因为某路段的共乘司机（或乘客）数量是所有经过该路段的路径上共乘司机（或乘客）数量之和。跟基于路径的边界约束相比，基于路段的边界约束可能被高估了。

2. 流量守恒

给定所有 OD 对的固定出行需求 $\{d_k, k \in K\}$，其中 d_k 表示 OD 对 $k \in K$ 的出行需求。OD 对 k 的 3 类出行模式的路径流量和出行需求满足一定的守恒关系，如式（3.2）所示：

$$\sum_{r \in R_k} f_r^{\text{SD}} + \sum_{r \in R_k} \sum_{p \in \{t \in R_l, l \in K, \Delta_{tr} = 1\}} f_{pr}^{\text{RD}} + \sum_{r \in R_k} \sum_{q \in \{s \in R_l, l \in K, \Delta_{rs} = 1\}} f_{rq}^{\text{RP}} =$$

$$d_k, \quad \forall k \in K \tag{3.2}$$

式（3.2）表示 OD 对 k 的 3 种出行模式的路径流量之和等于该 OD 对的出行需求。在式（3.2）中，第一项表示所有连接 OD 对 $k \in K$ 的路径 r 上独驾模式的流量之和，第二项表示所有连接 OD 对 $k \in K$ 的路径 r 上共乘司机模式的流量之和，第三项表示所有连接 OD 对 $k \in K$ 的路径 r 上共乘乘客模式的流量之和。式（3.2）中，下标 p 表示路径 r 的所有子路径集合中的一个元素，下标 q 表示路径 r 的所有父路径集合中的一个元素。

令 f 是 3 类出行模式的路径流量的非负向量，即 f 是包含 f_r^{SD}、f_{pr}^{RD} 和 f_{rq}^{RP} 的向量，则本章研究问题的可行解集为 $\Omega = \{f \geq 0 : f$ 满足式（3.1）和式（3.2）$\}$。易知，Ω 是一个闭凸集。

3. 路段路径流量关系约束

令 f 是一个可行集向量，即 $f \in \Omega$。若路段 $a \in A$ 在路径 $r \in R$ 上，则

$\delta_{ar}=1$；否则，$\delta_{ar}=0$。可知 3 类出行模式的路段 $a \in A$ 上的流量 x_a^{SD}、x_a^{RD} 和 x_a^{RP} 可由式（3.3a）~式（3.3c）进行计算。

$$x_a^{SD} = \sum_{k \in K} \sum_{r \in R_k} \delta_{ar} f_r^{SD}, \quad \forall a \in A \tag{3.3a}$$

$$x_a^{RD} = \sum_{k \in K} \sum_{r \in R_k} \sum_{p \in \{t \in R_l, l \in K, \Delta_{tr}=1\}} \delta_{ar} f_{pr}^{RD}, \quad \forall a \in A \tag{3.3b}$$

$$x_a^{RP} = \sum_{k \in K} \sum_{r \in R_k} \sum_{q \in \{s \in R_l, l \in K, \Delta_{rs}=1\}} \delta_{ar} f_{rq}^{RP}, \quad \forall a \in A \tag{3.3c}$$

给定路段流量，可计算影响出行者出行时间的路段车辆数 y_a，其中，$y_a = x_a^{SD} + x_a^{RD}$。路段 $a \in A$ 上的总司机数（即总车辆数）为 $y_a = x_a^{SD} + x_a^{RD}$ 和路段 $a \in A$ 上使用共享出行方式出行的总人数为 $z_a = x_a^{RD} + x_a^{RP}$。由路段出行时间，可计算得到路径出行时间。

3.1.4 成本函数

1. 拥挤成本

用路段的出行时间来度量路段拥挤成本，随后可计算出路径拥挤成本。只有路段 $a \in A$ 上的车辆总数影响该路段的出行时间。因此，路段拥挤成本 c_a 是该路段上所有的司机总数 y_a，即汽车总数的增函数，即 $c_a = t(y_a)$。

给定路段拥挤成本，可计算 3 类路径集合的路径拥挤成本 c_r^{SD}、c_{pr}^{RD} 和 c_{rq}^{RP}，如式（3.4a）~式（3.4c）所示。

$$c_r^{SD} = \sum_{a \in A} \delta_{ar} c_a, \quad \forall r \in R_k, k \in K \tag{3.4a}$$

$$c_{pr}^{RD} = \sum_{a \in A} \delta_{ar} c_a, \quad \forall r \in R_k, p \in R_l, k \in K, l \in K, \Delta_{pr} = 1 \tag{3.4b}$$

$$c_{rq}^{RP} = \sum_{a \in A} \delta_{ar} c_a, \quad \forall r \in R_k, q \in R_l, k \in K, l \in K, \Delta_{rq} = 1 \qquad (3.4c)$$

2. 乘客的共享出行成本和司机的共享出行收入

本章用路段出行时间 c_a 和路段长度 L_a 来度量该路段上因参与共享出行活动出行者的成本/收入。由于 $C=1$，本章假设乘客的共享出行成本 υ_a^{RP} 等于司机的共享出行收入 υ_a^{RD}。共享出行成本/收入的定义如下：

$$\upsilon_a^{RP} = \upsilon_a^{RD} = \alpha c_a + \beta L_a \qquad (3.5)$$

其中，α 表示单位时间成本/收入，β 表示单位距离成本/收入。

给定路段上的共享出行成本/收入，可计算路段上共乘司机的共享出行收入 υ_{pr}^{RD} 和共乘乘客的共享出行成本 υ_{rq}^{RP}，如式（3.6a）和式（3.6b）所示。

$$\upsilon_{pr}^{RD} = \sum_{a \in A} \delta_{ap} \left(\alpha c_a + \beta L_a \right), \quad \forall r \in R_k, p \in R_l, k \in K, l \in K, \Delta_{pr} = 1 \quad (3.6a)$$

$$\upsilon_{rq}^{RP} = \sum_{a \in A} \delta_{ar} \left(\alpha c_a + \beta L_a \right), \quad \forall r \in R_k, q \in R_l, k \in K, l \in K, \Delta_{rq} = 1 \quad (3.6b)$$

3. 共享出行奖励

由于共享出行活动，共乘司机去接乘客可能需要绕路，乘客也可能需要等待司机，因此司机和乘客均会产生额外的共享出行成本。在本章中，假设司机和乘客的额外成本为 0。为了鼓励出行者多参与共享出行活动，会给予司机和乘客额外的共享出行奖励。每当司机和乘客进行合乘时，司机和乘客均可获得额外的共享出行奖励，分别为 S^{RD} 和 S^{RP}。因此，本章提出的 RUE 模型的路径出行成本是非可加的。在这里，假设 S^{RD} 和 S^{RP} 是均为非负常数。

4. 实际的路径出行成本

表 3.2 给出了 3 种不同出行模式的路径出行成本的组成元素，由式

（3.4a）、式（3.4b）、式（3.4c）、式（3.5）、式（3.6a）和式（3.6b）可得 3 类路径集合的路径总出行成本 $\tilde{c}_r^{\mathrm{SD}}$，$\tilde{c}_{pr}^{\mathrm{RD}}$ 和 $\tilde{c}_{rq}^{\mathrm{RP}}$ 如式（3.7a）~式（3.7c）所示。

$$\tilde{c}_r^{\mathrm{SD}} = \theta c_r^{\mathrm{SD}}, \quad \forall r \in R_k, k \in K \tag{3.7a}$$

$$\tilde{c}_{pr}^{\mathrm{RD}} = \theta c_{pr}^{\mathrm{RD}} - \upsilon_{pr}^{\mathrm{RD}} - S^{\mathrm{RD}},$$

$$\forall r \in R_k, p \in R_l, k \in K, l \in K, \Delta_{pr} = 1 \tag{3.7b}$$

$$\tilde{c}_{rq}^{\mathrm{RP}} = \theta c_{rq}^{\mathrm{RP}} + \rho \upsilon_{rq}^{\mathrm{RP}} - S^{\mathrm{RP}},$$

$$\forall r \in R_k, q \in R_l, k \in K, l \in K, \Delta_{rq} = 1 \tag{3.7c}$$

其中，θ 表示用户的出行时间价值，ρ 是乘客的共享出行成本折扣参数，易知 $\rho \leq 1$。

表 3.2 3 种出行模式的路径出行成本组成元素

出行模式	路径拥挤成本	共享出行成本/收入	共享出行成本折扣	额外补贴
独驾司机	√			
共乘司机	√	√		√
共乘乘客	√	√	√	√

3.1.5 广义的路径出行成本

由于考虑共享出行活动，用户均衡模型增加了汽车容量边界约束，如式（3.1）所示，而这些边界约束使得共享出行交通分配模型区别于传统的交通分配模型。借鉴 Larsson 和 Patriksson（1999）的边界约束处理方法，可知：在一个具有边界约束的用户均衡状态下，出行者选择具有最小广义路径出行成本的路径，而不是具有最小实际路径出行成本的路径。所以，需要引入分别对应于不等式（3.1a）和（3.1b）的乘子 λ_{pr}^+ 和 λ_{pr}^-，则

3 种类型路径的广义出行成本 $\tilde{C}_r^{\text{SD}}$，$\tilde{C}_{pr}^{\text{RD}}$ 和 $\tilde{C}_{rq}^{\text{RP}}$ 如式（3.8a）~式（3.8c）所示：

$$\tilde{C}_r^{\text{SD}} = \tilde{c}_r^{\text{SD}}, \quad \forall r \in R_k, k \in K \tag{3.8a}$$

$$\tilde{C}_{pr}^{\text{RD}} = \tilde{c}_{pr}^{\text{RD}} + \left(\lambda_{pr}^+ - C\lambda_{pr}^-\right),$$

$$\forall r \in R_k, p \in R_l, k \in K, l \in K, \Delta_{pr} = 1 \tag{3.8b}$$

$$\tilde{C}_{rq}^{\text{RP}} = \tilde{c}_{rq}^{\text{RP}} - \left(\lambda_{rq}^+ - \lambda_{rq}^-\right),$$

$$\forall r \in R_k, q \in R_l, k \in K, l \in K, \Delta_{rq} = 1 \tag{3.8c}$$

本章考虑的情况是 $C=1$，因此可将 $\lambda_{pr}^+ - \lambda_{pr}^-$ 看成是有限共享出行车辆容量约束下的补偿（当 $\lambda_{pr}^+ - \lambda_{pr}^- < 0$ 时，乘客给司机的补偿为 $-(\lambda_{pr}^+ - \lambda_{pr}^-)$；当 $\lambda_{pr}^+ - \lambda_{pr}^- \geq 0$ 时，司机给乘客的补偿为 $\lambda_{pr}^+ - \lambda_{pr}^-$）。

3.1.6 共享出行用户均衡模型

根据参考文献[74]，在共享出行用户均衡状态下，没有出行者能够通过单方面地改变他/她的路径或出行模式来改进其广义的路径出行成本，如式（3.9a）~式（3.9j）所示。

$$f_r^{\text{SD}} > 0, \quad \tilde{C}_r^{\text{SD}} = \pi_k, \quad \forall r \in R_k, k \in K \tag{3.9a}$$

$$f_r^{\text{SD}} = 0, \quad \tilde{C}_r^{\text{SD}} \geq \pi_k, \quad \forall r \in R_k, k \in K \tag{3.9b}$$

$$f_{pr}^{\text{RD}} > 0, \quad \tilde{C}_{pr}^{\text{RD}} = \pi_k, \quad \forall r \in R_k, p \in R_l, k \in K, l \in K, \Delta_{pr} = 1 \tag{3.9c}$$

$$f_{pr}^{\text{RD}} = 0, \quad \tilde{C}_{pr}^{\text{RD}} \geq \pi_k, \quad \forall r \in R_k, p \in R_l, k \in K, l \in K, \Delta_{pr} = 1 \tag{3.9d}$$

$$f_{rq}^{\text{RP}} > 0, \quad \tilde{C}_{rq}^{\text{RP}} = \pi_k, \quad \forall r \in R_k, q \in R_l, k \in K, l \in K, \Delta_{rq} = 1 \tag{3.9e}$$

$$f_{rq}^{\text{RP}} = 0, \quad \tilde{C}_{rq}^{\text{RP}} \geq \pi_k, \quad \forall r \in R_k, q \in R_l, k \in K, l \in K, \Delta_{rq} = 1 \tag{3.9f}$$

$$\lambda_{pr}^+ > 0, \quad f_{pr}^{\text{RP}} = f_{pr}^{\text{RD}}, \quad \forall r \in R_k, p \in R_l, k \in K, l \in K, \Delta_{pr} = 1 \tag{3.9g}$$

$$\lambda_{pr}^+ = 0, \quad f_{pr}^{\text{RP}} \geq f_{pr}^{\text{RD}}, \quad \forall r \in R_k, p \in R_l, k \in K, l \in K, \Delta_{pr} = 1 \tag{3.9h}$$

$$\lambda_{pr}^- > 0, \quad Cf_{pr}^{\text{RD}} = f_{pr}^{\text{RP}}, \quad \forall r \in R_k, p \in R_l, k \in K, l \in K, \Delta_{pr} = 1 \tag{3.9i}$$

$$\lambda_{pr}^- = 0, \quad Cf_{pr}^{\text{RD}} \geq f_{pr}^{\text{RP}}, \quad \forall r \in R_k, p \in R_l, k \in K, l \in K, \Delta_{pr} = 1 \tag{3.9j}$$

在式（3.9）中，π_k 表示 OD 对 k 之间所有出行模式中最小的广义的路径出行费用。在共享出行用户均衡状态下，司机（包括独驾司机和共乘司机）的广义路径出行成本等于乘客的广义路径出行成本，也等于所有出行模式中最小的广义路径出行成本。换言之，若某路径的流量大于 0（即被选择使用的路径），那么该路径的广义路径出行费用就是该 OD 对最小的广义路径出行费用；若路径的流量为 0，则表示该路径的广义路径出行费用大于或等于相同 OD 对的最小广义路径出行费用。

3.2 等价的互补性问题

更具体地，给定所有 OD 对的出行需求 $\{d_k, k \in K\}$，本章提出的 RUE 模型可以等价表述为混合互补性问题，见式（3.10a）~式（3.10f）：

$$0 \leq f_r^{SD} \perp \left[\tilde{C}_r^{SD} - \pi_k \right] \geq 0, \quad \forall r \in R_k, k \in K \quad (3.10a)$$

$$0 \leq f_{pr}^{RD} \perp \left[\tilde{C}_{pr}^{RD} - \pi_k \right] \geq 0,$$
$$\forall r \in R_k, p \in R_l, k \in K, l \in K, \Delta_{pr} = 1 \quad (3.10b)$$

$$0 \leq f_{rq}^{RP} \perp \left[\tilde{C}_{rq}^{RP} - \pi_k \right] \geq 0,$$

$$\forall r \in R_k, q \in R_l, k \in K, l \in K, \Delta_{rq} = 1 \quad (3.10c)$$

$$0 \leq \pi_k \perp \left[\sum_{r \in R_k} \left(f_r^{SD} + \sum_{p \in \{t \in R_l, l \in K, \Delta_{tr}=1\}} f_{pr}^{RD} + \sum_{q \in \{s \in R_l, l \in K, \Delta_{rs}=1\}} f_{rq}^{RP} \right) - d_k \right] \geq 0,$$

$$\forall k \in K \quad (3.10d)$$

$$0 \leq \lambda_{pr}^+ \perp \left[f_{pr}^{RP} - f_{pr}^{RD} \right] \geq 0,$$

$$\forall r \in R_k, p \in R_l, k \in K, l \in K, \Delta_{pr} = 1 \quad (3.10e)$$

$$0 \leqslant \lambda_{pr}^{-} \perp \left[Cf_{pr}^{\mathrm{RD}} - f_{pr}^{\mathrm{RP}} \right] \geqslant 0,$$
$$\forall r \in R_k, p \in R_l, k \in K, l \in K, \Delta_{pr} = 1 \quad (3.10\mathrm{f})$$

其中，⊥是正交符号，两个向量正交表示两个向量的内积为零。在式（3.10）中，式（3.10a）~式（3.10c）表示流量均衡约束，式（3.10d）表示出行需求均衡约束，式（3.10e）~式（3.10f）表示汽车容量约束。式（3.10）的 RUE 解的存在性证明可参照 Xu 等（2015）。

由于边界约束的存在，根据参考文献[74]可知，本章提出的 RUE 解是非平凡的，且 RUE 解一般不唯一。

3.3 数值算例

本小节通过算例来验证是否可以通过一些政策措施促使出行者使用共享出行模式。考虑一个具有 2 个 OD 对，4 个节点和 5 条路段的 Braess 网络（Pas 和 Principio，1997），如图 3.1 所示。在图 3.1 中，给定了各路段的出行时间函数，且第一个 OD 对是(1，4)，第二个 OD 对为(2，3)。测试网络中的参数设置如表 3.3 所示。表 3.4 给出了测试网络每个 OD 对之间所有的路径，如：R_1 表示路径 1，它是由路段(1，2)和路段(2，4)连接而成的，且在这两个路段上是独驾模式；R_9 表示路径 9，它是由路段(1，2)，路段(2，3)和路段(3，4)连接而成的，且在路段(1，2)和路段(3，4)上是独驾模式，而在路段(2，3)上是共享出行驾驶模式。需要注意的是：共乘乘客路径 R_{13} 和 R_{14} 是不同的路径，因为 R_{13} 是跟相同 OD 对的共乘司机路径 R_8 合乘，而 R_{14} 是跟不同 OD 对的共乘司机路径 R_9 合乘。记 f_i（$i=1,2,\cdots,14$）为路径 R_i（$i=1,2,\cdots,14$）对应的流量。

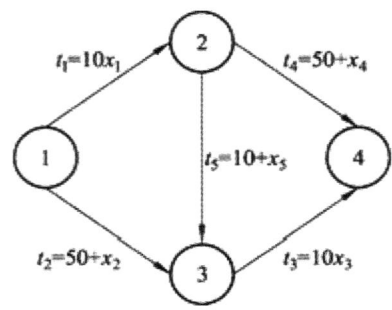

图 3.1 一个含有 5 个路段的 Braess 网络

表 3.3 测试网络中的参数列表

$d_1=d_{(1,4)}$, $d_2=d_{(2,3)}$	S^{RD}, S^{RP}	L_1, L_2, L_3, L_4, L_5/km	θ/ (RMB/min)	α/ (RMB/min)	β/ (RMB/min)	ρ
10, 5	0, 0	8, 15, 8, 15, 5	0.5	0.35	1.5	1

表 3.4 每个 OD 对的所有路径列表

OD 对 $k_1=(1, 4)$						OD 对 $k_2=(2, 3)$	
路径 1—2—4		路径 1—3—4		路径 1—2—3—4		路径 2—3	
名称	路段	名称	路段	名称	路段	名称	路段
R_1	$(1, 2)^{SD}$, $(2, 4)^{SD}$	R_2	$(1, 3)^{SD}$, $(3, 4)^{SD}$	R_3	$(1, 2)^{SD}$, $(2, 3)^{SD}$, $(3, 4)^{SD}$	R_4	$(2, 3)^{SD}$
R_5	$(1, 2)^{RD}$, $(2, 4)^{RD}$	R_6	$(1, 3)^{RD}$, $(3, 4)^{RD}$	R_7	$(1, 2)^{RD}$, $(2, 3)^{RD}$, $(3, 4)^{RD}$	R_8	$(2, 3)^{RD}$
R_{10}	$(1, 2)^{RP}$, $(2, 4)^{RP}$	R_{11}	$(1, 3)^{RP}$, $(3, 4)^{RP}$	R_{12}	$(1, 2)^{RP}$, $(2, 3)^{RP}$, $(3, 4)^{RP}$	R_{13}	$(2, 3)^{RP}$

续表

OD 对 k_1=(1, 4)						OD 对 k_2=(2, 3)	
路径 1—2—4		路径 1—3—4		路径 1—2—3—4		路径 2—3	
名称	路段	名称	路段	名称	路段	名称	路段
				R_9	$(1, 2)^{SD}$, $(2, 3)^{RD}$, $(3, 4)^{SD}$	R_{14}	$(2, 3)^{RP}$

注：1. 上标 SD、RD 和 RP 分别表示新拓展网络的独驾司机出行模式、共乘司机出行模式和共乘乘客出行模式。

2. 路径 R_8 是和相同 OD 对乘客合乘的司机路径，R_{13} 是和相同 OD 对司机合乘的乘客路径。

3. 路径 R_{13} 是和不同 OD 对乘客合乘的司机路径，R_{14} 是和不同 OD 对司机合乘的乘客路径。

本章使用通用代数建模系统（General Algebraic Modeling System，GAMS）软件中的混合互补性问题（Mixed Complementarity Problems，MCP）求解器求解本章提出的 RUE 模型（Brook，1988）。由于网络的对称性以及对称的参数设置，可知均衡状态下 $f_1=f_2$，$f_5=f_6$，$f_{10}=f_{11}$。又因为 $C=1$，可知均衡状态下 $f_5=f_{10}$，$f_6=f_{11}$，$f_7=f_{12}$，$f_8=f_{13}$，$f_9=f_{14}$。因此，后面的分析中只需要给出均衡状态下的路径流量 f_1，f_3，f_4，f_5，f_7，f_8，f_9 即可。后面的分析也考虑共乘车数比例和共乘人数比例，其定义如式（3.11a）和式（3.11b）所示。

$$共乘车数比例 = \frac{共乘车数}{共乘车数 + 独驾车数} \quad (3.11a)$$

$$共乘人数比例 = \frac{共乘司机数 + 共乘乘客数}{独驾司机数 + 共乘司机数 + 共乘乘客数} \quad (3.11b)$$

图 3.2~图 3.4 分别考虑出行需求、乘客的共享出行成本折扣和司机/乘客的共享出行奖励对均衡状态下的路径流量和共乘比例的影响。如图 3.2 所示，OD 对 k_2 出行者的主要出行模式是共享出行模式，当出行需求

d_1 不变时,随着出行需求 d_2 增加,共乘人数/车数比例先增加后减少; OD 对 k_1 出行者的出行模式变化不大,但是共乘人数/车数比例是先减少后增加。

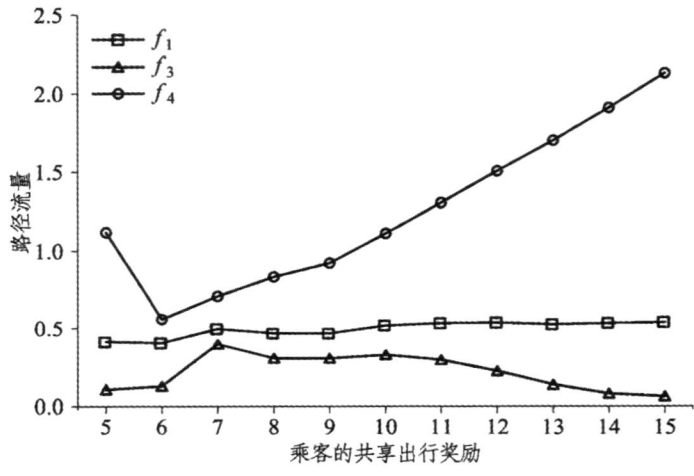

(a)独驾流量分布

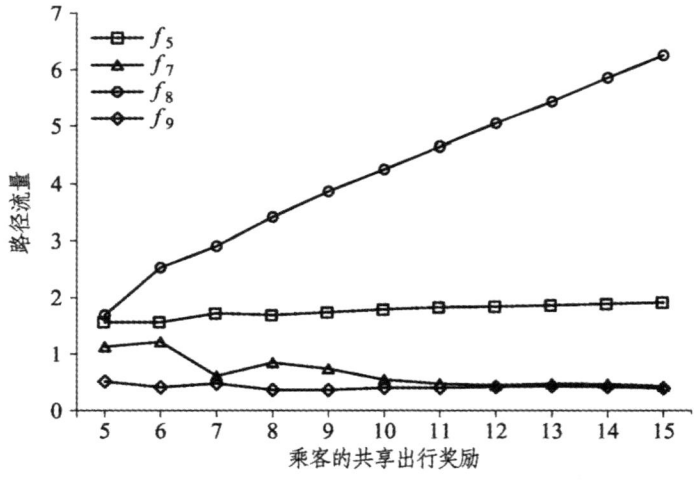

(b)共乘流量分布

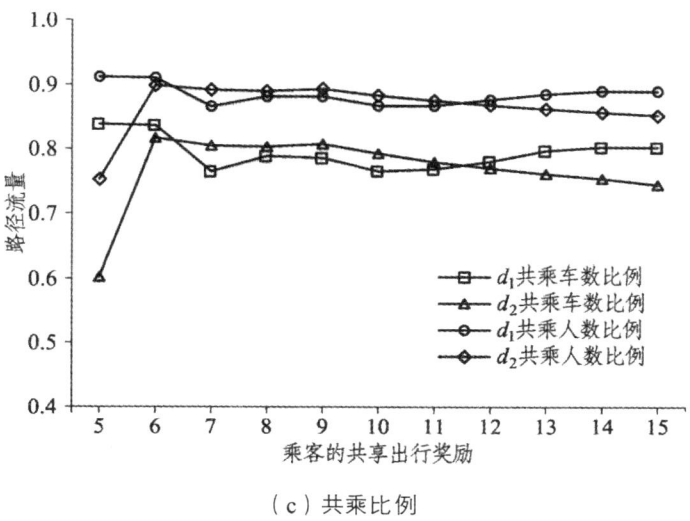

（c）共乘比例

图 3.2 出行需求变动时均衡状态下的路径流量和共乘比例

在图 3.3~图 3.4 可知，给乘客提供的共享出行成本折扣和给乘客和司机的共享出行奖励均会大大改变出行者的出行模式，且共乘比例均达到最大，但成本优惠幅度和奖励幅度对出行模式/路径流量的影响并不大。

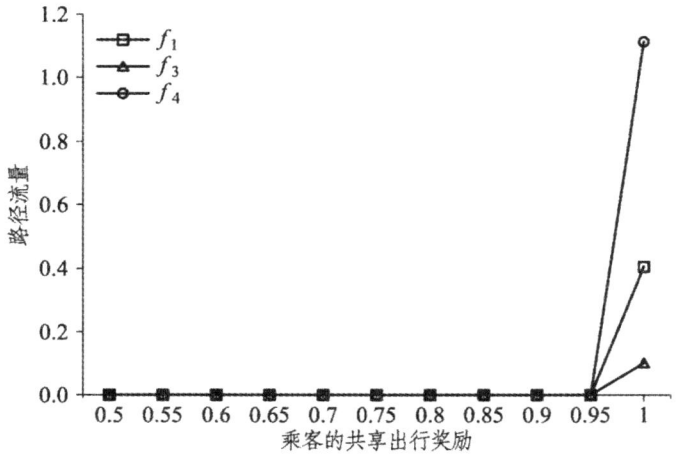

（a）独驾流量分布

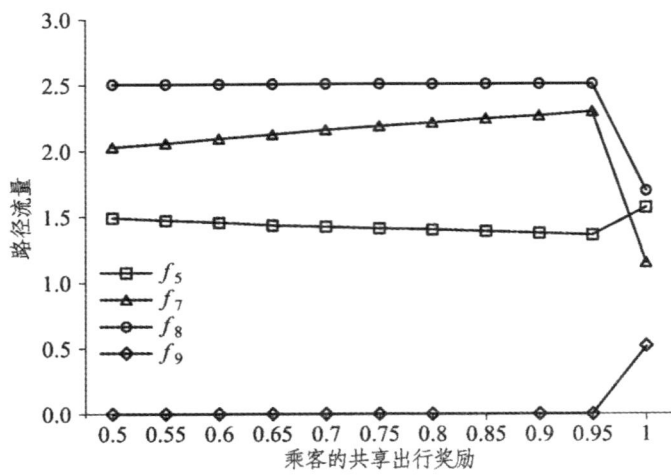

（b）共乘流量分布

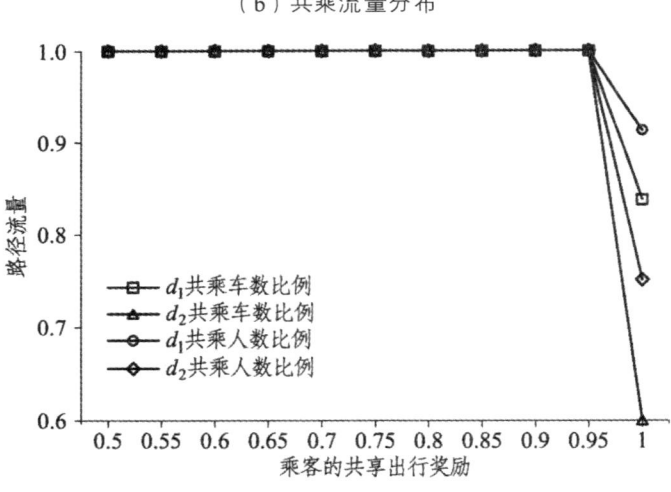

（c）共乘比例

图 3.3 乘客的共享出行成本折扣变动时均衡状态下的独驾、共乘流量分布和共乘比例

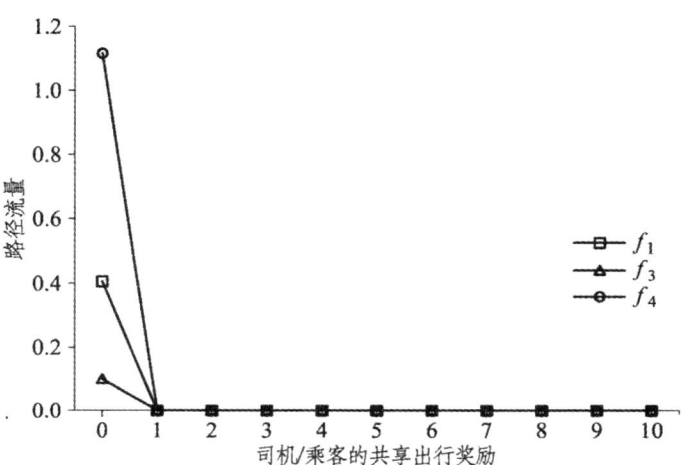

(a) 独驾流量分布

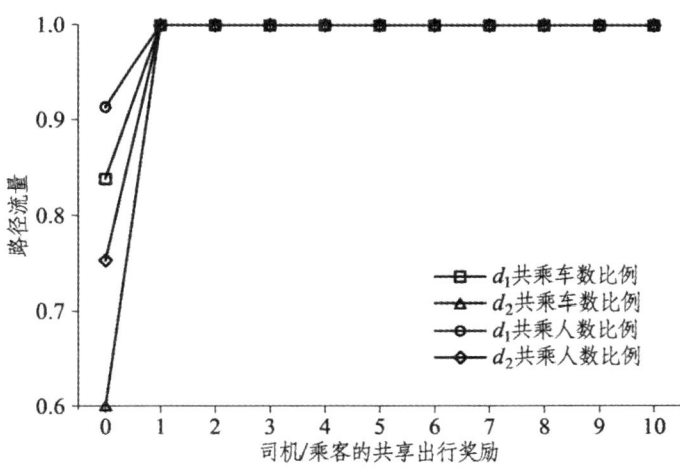

(b) 共乘比例

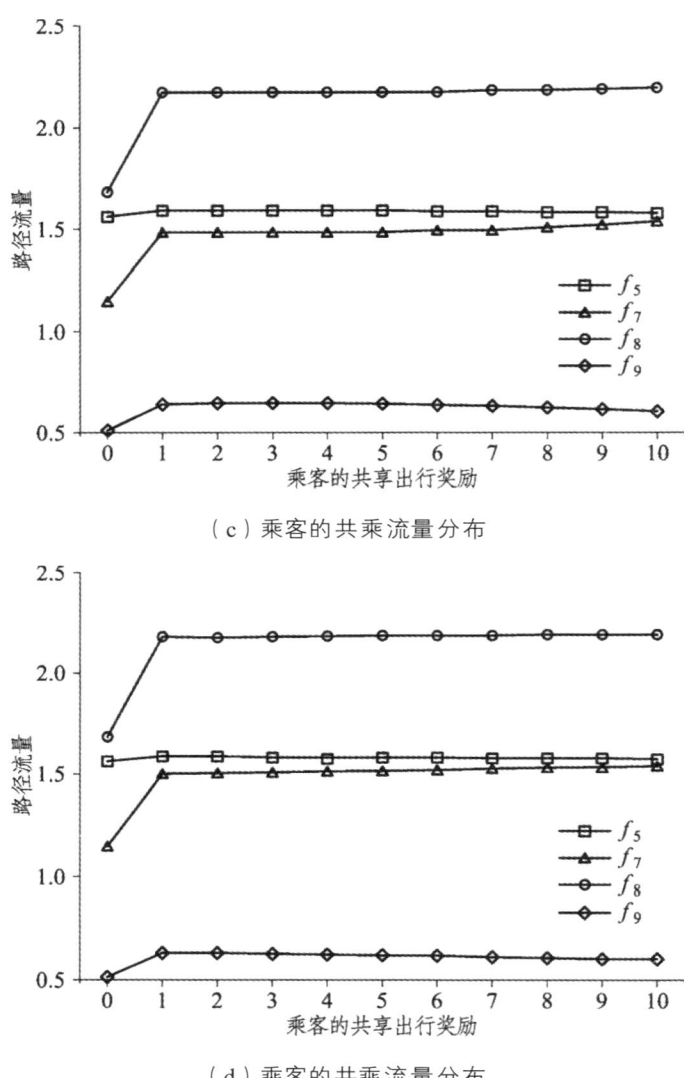

（c）乘客的共乘流量分布

（d）乘客的共乘流量分布

图 3.4 共享出行奖励变动时均衡状态下的流量分布和共乘比例

从图 3.3 中可以看出，乘客的共享出行成本折扣使得所有的出行者只跟相同 OD 对的出行者进行合乘，这是因为合乘的距离越大，出行成本减少得越多。

从图 3.4 中可知，给乘客提供共享出行奖励和给司机提供相同的共享出行奖励能达到类似的共享出行效果。

综合而言，乘客的共享出行成本折扣、司机的共享出行奖励和乘客的共享出行奖励均对出行者的路径选择和模式选择有较大影响，乘客的共享出行成本优惠越大或司机/乘客的共享出行奖励越多，会有更多的出行者选择共享出行模式。

3.4 本章小结

本章首先提出了一个路径费用非可加的共享出行用户均衡交通分配模型，引入两个假设：一个共乘乘客只被一个共乘司机搭载且一个共乘司机只与一个乘客合乘；共乘司机和乘客均可获得额外的共享出行补贴，且乘客有一定的共享出行成本折扣。且这两个假设使得该模型比已有的共享出行用户均衡模型更合理，也更符合实际情况。然后构建了与本章提出的模型等价的混合互补性问题。最后在算例部分分析了该模型中关键参数对均衡路径流量分布和共享出行人数/车数比例的影响。研究表明：给乘客提供的共享出行成本优惠越大或给司机/乘客的共享出行奖励越多，会吸引更多的出行者参与共享出行模式；给司机和乘客等额的共享出行奖励能达到类似的共享出行促进效果。因此，从交通管理部门角度来看，提供一些鼓励出行者参与共享出行活动的政策建议，具体而言有以下 3 点。

1）为出行者提供共享出行补贴

交通管理部门可以通过设立特定的补贴标准来给出行者提供补贴，例如，每次共享出行服务可获得一定比例的现金返还或直接折扣。与此同时，相关部门需要定期评估和调整补贴标准，确保其有效性和公平性。此外可以通过电子支付平台或共享出行应用程序直接实施补贴，将返现金额直接打入用户预留的支付账户中，以此来简化用户操作流程。

2）为乘客提供共享出行成本折扣

交通管理部门可以为定期使用共享出行服务的乘客提供累积折扣，例如，乘客在共享出行平台上消费满 200 元享受 98 折优惠，满 500 元享受 95 折优惠等折扣方式；或者通过奖励积分，消费越高，积分也就越多，积分可以兑换金额来直接抵扣出行费用。除此之外，乘客可以在特定时间（如交通高峰时段）或特定区域（如市中心）享受到额外折扣。由于目前停车场单位时间内收费较高，相关部门可以通过为共享出行的出行者提供停车优惠的方式来吸引更多的出行者来加入共享出行活动。此外，交管部门还应该在停车位较紧缺的市中心等车流量较大的公共停车场为共享车辆提供专用的停车位。

3）与共享平台、媒体平台合作宣传

单靠交通管理部门一方的力量是很难达成目标的，相关部门可以与共享出行平台、媒体平台合作，共同制订宣传材料和活动。同时，还可以在公交车站、地铁站、商场等人流量较大的位置区域张贴共享出行方式优势的宣传海报。

交通管理部门通过上述几种方式可以促进和鼓励更多的用户参与到共享出行的活动中来，逐渐形成国民绿色出行方式。

从滴滴出行等共享出行服务提供商来看，目前顺风车等服务存在乘客安全、平台审核、评价监管系统等问题。因此，滴滴公司等共享出行服务平台需要立即采取措施来应对平台所存在的诸多问题，使乘客和司机的权益都能得到最大的保障。具体措施如下。

1）设计更安全的产品保障消费者的权益

首先，大部分平台目前接单模式是手动抢单，导致一个司机可能会同时操作多部手机，这会严重分散司机的注意力，容易导致交通事故的发生，因此，企业需要设计出一个更为安全合理的接单模式以保障司机的驾驶安全。其次，企业需要将报警按钮设置在软件最为显眼的位置，以方便乘客在需要及时帮助时能够第一时间寻求到警察的帮助。

2）加强平台审核的严谨性，提高司机准入门槛平台对于司机的审核必须十分严格谨慎，对申请注册的司机和车辆都要进行严格地核实，禁止不法分子混入平台。按时对平台的司机进行线下培训和考核，包括基本流程、礼貌用语、对于乘客提出的不合理要求的回应处理等问题，将一些考核成绩不合格的司机筛选出来，根据情况进行相应的培训教育或者罚款等处理，以加强司机的素质素养，保证其服务质量水平。

3）完善乘客评价体系，建立科学的信息反馈系统

企业要重视乘客的评价，尤其是对于投诉要进行跟进核实和及时处理，并且与乘客积极沟通处理后的结果。除此之外，平台还需要加强信息反馈机制的改革，摒弃原有信息反馈不及时的机制，重新建立起一套严格科学的信息反馈机制。对于突发事件，如乘客的报警等问题能够更快反馈给平台，为乘客的生命安全争取更多的营救时间。

今后，将进一步拓展本章提出的共享出行用户均衡交通分配模型，探讨管理政策、奖励政策和道路收费政策等对均衡结果的影响。此外，还可考虑出行者的异质性（如出行时间价值、出行模式选择偏好），开展相关的实验研究来验证模型的有效性。

04
PART FOUR

第 4 章
考虑共享出行和公共交通的多模式用户均衡模型

随着大城市经济的蓬勃发展和人口激增，车辆数量急剧增加，交通拥堵已成为大城市通勤者每日面临的严峻挑战（De Palma 等，2005；Harriet 等，2013；Li 等，2020；Ke 等，2020；Cui 等，2020）。这种拥堵现象可能导致通勤时间的不断延长，进而引发精力和时间资源的浪费（王佳，2022）。除此之外，交通拥堵还会提高交通事故的风险，对交通安全构成威胁（金凤君等，2023）。同时，车辆污染物排放对空气质量和环境产生不利影响，加剧了空气污染和温室气体排放问题。

综合而言，解决交通拥堵问题需要采取多方面的综合措施，涉及城市规划、交通基础设施建设、公共交通发展以及智能技术的引入等多个领域。城市规划的科学布局和合理规划能够有效减缓交通压力，交通基础设施的优化建设能够提升道路通行效率，发展公共交通系统可以促使市民更多选择环保出行方式。同时，智能技术的应用，如交通流管理系统、共享出行平台等，也为缓解拥堵问题提供了新的可能性。综合考虑这些方面的措施，可望在减轻交通拥堵、提高交通效率以及改善城市居民出行体验方面取得更为显著的成果。

近年来，拼车成为一个热门话题，即通过将多个乘客的行程合并到一辆车上，有效减少了车辆数量，提高了道路网络的效率，同时也为用户提供了经济实惠的出行选择（肖玲玲等，2021）。拼车被认为是在无需新的网络基础设施的情况下，降低出行成本、减少道路交通拥堵、提高道路网络效率的有效途径（Agatz等，2012；Furuhata等，2013；Long等，2018）。拼车活动的出现被认为对城市的可持续发展和智慧城市未来发展具有积极影响。通过减少交通拥堵、提高交通资源利用率、降低碳排放等途径，拼车有助于实现更为高效、环保的城市交通系统。其结合智能技术和数字化平台，推动智慧城市发展，同时促进了共享经济的发展（Morency，2007；Litman 和 Burwell，2006；Steg 和 Gifford，2006；Haghshenas 和 Vaziri，2012）。随着全球定位系统、智能手机应用和在线支付系统的广泛应用，数字平台如中国的滴滴出行、美国的优步等成功推动了拼车活动的普及。这些平台通过高效的匹配系统将司机与乘客连接起来，改变了人们的日常出行习惯，尤其在大城市中产生了深远的影响。拼车活动通过提供便捷的出行选择，减少了个体汽车使用，有效缓解了交通拥堵问题（杨晓光等，2023）。此外，这些数字平台的应用也推动了智慧城市的发展，为用户提供了方便的出行体验，同时也促进了共享经济的兴起。尽管这些平台的成功在提升出行效率的同时也面临一些挑战，包括安全和隐私问题，但它们已经成为当代城市出行方式中不可或缺的一部分。

近年来,关于拼车的研究主要集中在拼车匹配问题上(Segui-Gasco 等,2019;Lokhandwala 等,2018;Wang 等,2018;Farhan 等,2018)。这一领域的研究致力于寻找最优的乘客和司机之间的匹配方案,以提高拼车系统的效率和用户体验。拼车匹配问题涉及到复杂的算法和优化模型,考虑了诸如乘客上车点、目的地、出发时间等多个因素。学者通过使用数学建模、算法设计和机器学习等技术,致力于优化拼车匹配过程,以减少路程、提高匹配成功率,并最大程度地满足用户的出行需求。这种研究不仅关注在个体拼车行程中的匹配问题,还着眼于整个拼车系统的整体优化(He 等,2018;Liu 等,2017),以实现在大规模、复杂城市环境中的可行性。解决拼车匹配问题不仅能够提高拼车系统的经济效益,还能促进共享出行模式的可持续发展。这方面的研究为城市交通管理和智能交通系统的发展提供了有益的理论和实证研究的基础。

Teodorović 和 Dell'Orco(2005,2008)的工作引入了蜂群优化元启发式算法,专门用于解决出行匹配问题的确定性组合问题。这一方法通过模拟蜜蜂群体的行为,寻找匹配乘客和司机的最优解,为解决复杂的出行匹配问题提供了一种创新的启发式方法。Agatz 等(2011)提出一种基于优化的方法,目的是最小化整个共享出行系统的车辆总里程和个人出行成本。这种方法综合考虑了系统效率和用户个体成本,为共享出行系统的优化提供了一种全面的视角。Wang 等(2017),Najmi 等(2017)提出动态拼车匹配优化模型,用于识别乘客和司机之间的合适匹配。这些模型旨在根据实时信息动态调整匹配,以提高共享出行系统的灵活性和适应性。Stilic 等(2015)引入集合点的概念,以显著提高拼车系统中匹配乘客的比例,并优化匹配参与者的比例,从而节省里程。这种创新性的方法有助于提高共享出行系统的效率和资源利用率。

Masoud 和 Jayakrishnan(2017a,2017b)分别设计了一种分解算法和一种动态规划算法,专门用于解决点对点乘车匹配问题。这些算法旨在有效解决拼车匹配的复杂性，为共享出行系统提供实用的工具。Jiang 等（2018）提出一种在线贪婪匹配算法，以解决拼车问题，从而有效地实现司机和乘客之间的最佳匹配。Hou 等（2018）则关注拼车车辆如何选择最优路线以最大化整个系统平均装载率的问题。这一研究考虑了系统效率和车辆利用率的优化，为拼车匹配问题提供了新的视角。这些研究共同推动了共享出行领域的发展，为解决实际问题提供了丰富的方法和思路。

在一般交通网络中，研究者们将拼车方案融入到具有弹性和非弹性出行需求的静态交通分配模型中（Xu 等，2015a；Di 等，2017、2018）。这些研究通常假设拼车司机只能搭载同一出发地和目的地（OD）对的乘客。特别是 Xu 等（2015a）在模型中放松了同一 OD 对的假设，建立了随机用户均衡，并将其等价于一个混合互补问题。值得注意的是，上述交通分配研究大多数忽略了公共交通方式的影响。

然而，在单个 OD 对的交通网络中，Wang 等（2018）研究了考虑公共交通的情况下适当的成本分担策略对拼车计划成功的影响，构建了不同出行者之间具有异质出行时间价值的模式选择，并深入探讨了出行方式选择与拼车之间的交互作用。值得指出的是，在这些研究中，4 种出行方式（包括单人驾驶、拼车驾驶、乘车拼车和乘坐公交）的出行时间通常被假定为固定，而路径选择方面则被忽略。

为此，本章提出了一种创新的多模式路径选择模型，旨在将拼车与公共交通相融合，以深入研究拼车活动对交通分配问题的影响。该模型的设计旨在综合考虑拼车、公共交通和个体出行偏好，以更全面地理解这些模式的交互作用。通过将拼车与公共交通整合，研究者可以更好地模拟实际出行场景，考虑不同交通模式之间的协同效应。这种综合模型有助于分析拼车活动对整体交通网络的影响，包括对拥堵的缓解、交通效率的提升以及可持续出行模式推动方面的影响。通过提出这种多模式路径选择模型，研究者可以更好地理解拼车活动如何在整体交通系统中发挥作用，为未来城市规划和交通管理提供有益的参考。这种综合研究有望为优化城市交通分配、促进可持续出行以及提高出行效率等方面提供实质性的贡献。

在提出的模型中，出行者被赋予更多的选择权，不仅可以在主路和辅路中选择最佳路线，还可以在不同的交通方式中进行选择，包括独自驾驶、拼车驾驶、乘车拼车和乘坐公共交通。这一综合考虑旨在最小化出行者的广义出行成本，这里的广义成本不仅包括实际出行成本，还考虑了由于汽车容量限制等因素引起的额外因素。为了解决这个多模式路径选择问题，研究者采用一种基于通用代数建模系统（GAMS）中的"混合互补问题（MCP）"的方法。在这一方法中，模型被转化为等价的互补问题，然后利用GAMS中的相应工具进行求解。这种方法有助于处理包含不同交通模式和路径选择的复杂问题，并找到最优的出行决策，以最小化广义出行成本。通过这一模型和求解方法的应用，研究者能够深入了解出行者在不同交通模式和路线选择之间的权衡，为制定城市交通政策、优化交通流和促进可持续出行提供了实质性的数据和结论。

为了促使出行者更积极地选择拼车和公共交通模式，该模型假设拼车司机和乘客（包括拼车乘客和公共交通乘客）将获得额外奖励。在这个框架下，拼车模式具有特权，可以免费使用主干道，而使用主干道独自驾驶的车辆则需要支付费用。此外，模型考虑了关键参数，如奖励、收费、汽车容量、公交车容量和隐私成本，并在数值实例中对这些参数进行分析，以研究它们对模型均衡结果的影响。在数值结果的基础上，研究者发现奖励和收费是激励出行者更倾向于参与绿色出行方式的有效手段。这种激励措施不仅能够提高拼车和公共交通的吸引力，还有助于减少个体汽车的使用，从而降低交通拥堵问题。同时，模型还突显了其他关键参数的影响，如汽车容量和公交车容量，这对于制定实际可行的交通政策和优化城市出行方式至关重要。

4.1 符号定义与假设

如图 4.1 所示，考虑了一个具有公共交通车道和两条道路（包括父路径和子路径）的网络。在这个网络中，所有的出行用户都面临着两种主要的出行方式选择，即开车（使用主路和辅路）或者乘坐公共交通工具（利用公交专用车道），以从家到工作地点进行通勤。为了模拟现实情境，我们假定所有理性的通勤者不仅会自主选择出行的路线，而且还会根据乘车活动的具体情况来决定最终的出行方式。

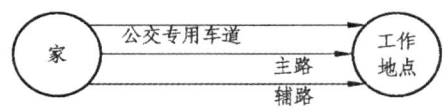

图 4.1 网络示例

图 4.2 清晰展示了用户在不使用或者使用共享出行模式，即拼车时的出行方式划分。这种划分考虑到不同用户可能做出的选择，其中一部分用户选择通过开车的方式，利用主路和辅路进行通勤；而另一部分用户则选择乘坐公共交通工具，利用公交专用车道进行出行。在考虑给定的出行需求、路段性能和成本函数的基础上，追求建立一种用户均衡交通分配模型，以细致研究出行者的出行方式和路线选择。这个模型旨在在出行者之间实现均衡，确保每个出行者在选择最佳的出行方式和路线时，都在个人的角度上得到了最优的利益。

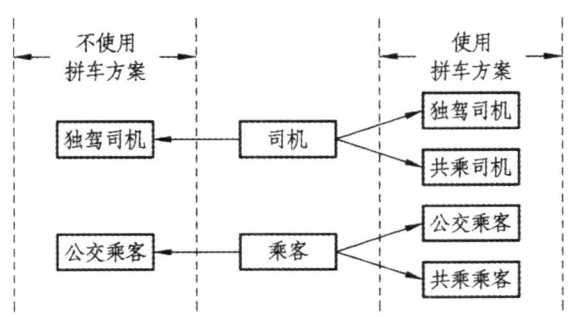

图 4.2 用户出行模式划分

这一模型将综合考虑出行者对不同出行方式和路线的偏好、路段的性能状况以及相应的成本函数。通过建立用户均衡交通分配模型，能够深入了解在给定的交通网络中，个体出行者如何做出理性的选择以最小化他们的个人成本，包括时间、费用等。在下文 4.3.1 和 4.3.2 部分将分别建立无共享和有共享乘车的交通分配模型。

在介绍交通分配模型之前，本章进行了如下假设：

① 出行需求，即出行用户的总数是固定的。这意味着在模型中考虑的时间段内，出行需求保持不变。

② 没有共乘计划的出行用户被划分为两类：独驾司机（Solo Drivers）和公交乘客（Transit Passengers）。而有共乘计划的出行用户则被分为四类：独驾司机、共乘司机（Ridesharing Drivers）、共乘乘客（Ridesharing Passengers）和公交乘客。

③ 汽车（及公共汽车）的容量是预先确定且有限的，即限定为乘客的最大座位数。

这一假设考虑了车辆承载能力的实际限制，确保模型对于交通网络的可行性和可实施性进行合理建模。

本章通篇采用的符号及其含义如表 4.1 所示。

表 4.1 符号及其含义

符号	含义	符号	含义
M	主路	B	公共汽车容量，即公共汽车上乘客的最大座位数
S	辅路	n	汽车容量，即汽车上乘客的最大座位数
N	出行者总人数	r	公交拥挤成本系数
N_{sd}^m	行驶在路段 m 上的独驾司机人数，$m \in \{M, S\}$	ρ	拥挤惩罚系数

续表

符号	含义	符号	含义
N_{tp}	使用公共交通专用道的公交乘客人数	β	驾驶成本系数
N_{rd}^m	行驶在路段 m 上的共乘司机人数，$m \in \{M, S\}$	S_p	参与绿色通勤的乘客奖励
N_{rp}^m	行驶在路段 m 上的共乘乘客人数，$m \in \{M, S\}$	S_d	参与绿色通勤的司机奖励
N^m	行驶在路段 m 上的车辆总数，$m \in \{M, S\}$	λ_+^m, λ_-^m	汽车容量约束的乘数
N	出行者流量向量	C_{sd}^m	独驾司机行驶在路段 m 上的出行成本，$m \in \{M, S\}$
t^m	司机行驶在路段 m 上的出行时间，$m \in \{M, S\}$	C_{tp}	公交乘客的出行成本
t_0	公交乘客平均出行时间	C_{rd}^m	共乘司机行驶在路段 m 上的出行成本，$m \in \{M, S\}$
t_d^w	共乘司机平均等待时间	C_{rp}^m	共乘乘客行驶在路段 m 上的出行成本，$m \in \{M, S\}$
t_p^w	共乘乘客平均等待时间	$\tilde{C}_{sd}^m$	独驾司机行驶在路段 m 上的广义出行成本，$m \in \{M, S\}$
α	所有出行者的时间价值	$\tilde{C}_{tp}$	公交乘客的广义出行成本
Δ_d	驾驶车辆成本	$\tilde{C}_{rd}^m$	共乘司机行驶在路段 m 上的广义出行成本，$m \in \{M, S\}$
Δ_p	隐私成本	$\tilde{C}_{rp}^m$	共乘乘客行驶在路段 m 上的广义出行成本，$m \in \{M, S\}$
τ^m	独驾司机行驶在路段 m 上的道路通行费，$m \in \{M, S\}$	π	所有出行者的最小出行成本
P_0	公交票价	$\tilde{\pi}$	所有出行者的最小广义出行成本
P_r	共乘收入		

4.2 考虑共享出行和公共交通的多模式用户均衡模型构建

4.2.1 不考虑共享出行的交通分配模型

这一部分构建了一个不考虑共享乘车计划的交通分配模型。在这个模型中,一定数量的出行者在通勤过程中面临选择,他们可以选择成为独立的驾驶司机或选择乘坐公共交通工具。模型的核心将集中于个体出行者的决策行为,涵盖了他们在独自驾驶和乘坐公共交通之间的选择过程。考虑到这两种出行方式的不同成本和效用,模型将通过分析个体出行者的理性选择,以最小化他们的总体成本,从而形成一个交通分配的均衡状态。

在经典的交通分配模型中,N_{sd}^M,N_{sd}^S 和 N_{tp} 是决策变量,且假定为非负。出行者总数等于 3 种类型流量的总和(即流量守恒),如式(4.1)所示:

$$N = N_{sd}^M + N_{sd}^S + N_{tp} \tag{4.1}$$

设 N 为 3 种类型出行者的流量 N_{sd}^M,N_{sd}^S 和 N_{tp} 的非负向量,则所研究问题的可行解集为 $\Omega = \{N \geqslant 0 : N 满足 (4.1)\}$。很明显,$\Omega$ 是一个闭凸集。

路段 m 上的行驶时间函数 t^m 由式(4.2)得出:

$$t^m = t(x) = a^m + b^m x, \ m \in \{M, S\} \tag{4.2}$$

其中,x 是路段 m 上车辆的数量。

本研究假设 a^m 和 b^m 为常数,$0 < a^M < a^S$,$0 < b^M < b^S$。换言之,当两条道路上的车辆数量相同时,行驶在父路径 M 上的私家车比行驶在子路径 S 上得快。简单起见,本研究也假设 t_0 为常数。

对一个出行者来说,作为独驾司机的出行成本如式(4.3a)所示:

$$C_{sd}^m = \alpha t^m + \varDelta_d = \alpha \left(a^m + b^m N_{sd}^m \right) + \varDelta_d + \tau^m, \ m \in \{M, S\} \tag{4.3a}$$

作为公交乘客的出行成本如式(4.3b)所示:

$$C_{\text{tp}} = \alpha t_0 + P_0 + \gamma\left(1 + \rho\frac{N_{\text{tp}}}{B}\right) - S_{\text{p}} \quad\quad (4.3\text{b})$$

式（4.3a）右侧的第一、第二、第三项分别为出行时间成本、驾驶车辆成本（包括燃料成本、停车费）和使用路段 m 的费用，即道路通行费。在式（4.3b）中，右侧的第一、第二、第三和第四项分别表示出行时间成本、公交票价、公交拥挤成本（其定义类似于车内拥挤成本的定义）和乘客参与绿色通勤，即乘坐公共交通的奖励。为了鼓励出行者共享乘车或乘坐公共交通工具，我们假设 $\tau^M \geq \tau^S = 0$。也就是说，独驾司机必须为使用父路径支付额外费用。

在用户均衡状态下，交通系统达到了一种平衡，所有出行者都做出了最优的选择，没有一个出行者能够通过单方面改变其路径或出行模式选择来改进其出行成本，每个出行者都在个体最佳化的原则下做出最理性的决策，任何人的单独行为变动都不能使其自身出行成本更低，用式（4.4）表达为

$$\begin{cases} N_{\text{sd}}^m > 0, & C_{\text{sd}}^m = \pi, \ m \in \{M, S\} \\ N_{\text{sd}}^m = 0, & C_{\text{sd}}^m \geq \pi, \ m \in \{M, S\} \\ N_{\text{tp}} > 0, & C_{\text{tp}} = \pi \\ N_{\text{tp}} = 0, & C_{\text{tp}} \geq \pi \end{cases} \quad\quad (4.4)$$

在式（4.4）中，π 表示所有出行者的最小出行费用。也就是说，在用户均衡状态下，所有已被使用的路径（即流量为正的路径）其出行费用必须小于或等于所有未使用的路径的出行费用，即称作费用最小原则，它是用户均衡状态的重要特征之一。

4.2.2 考虑共享出行的交通分配模型

在经典的交通分配模型中，出行者通常只能选择成为独自驾驶的司机或公共交通的乘客。然而，加入共享乘车方案后，模型变得更加复杂，因为此时出行者需要同时选择路线和 4 种不同的出行模式：独自驾驶、公共

交通乘客、共享乘车的司机和共享乘车的乘客。特别需要注意的是，加入共乘方案后，汽车容量的约束条件也会成为一个重要的考虑因素。这样的模型考虑到了更多的实际情况，因为共享乘车的出现使得出行者在选择出行方式时有了更多的选项。这种情况下，交通分配问题将包括更多的变量和约束，需要更为复杂的数学建模和算法来处理。

在考虑共享乘车的情况下，交通分配模型假设所有出行者都必须在家和工作地点之间的上班通勤中做出选择，要么选择成为司机（包括独自驾驶的司机和共享乘车的司机），要么选择成为乘客（包括公共交通乘客和共享乘车的乘客）。这一假设强调了共享乘车模式中出行者的双重角色，即可以是驾驶车辆的司机，也可以是乘坐车辆的乘客。在这种情况下，出行者需要在多个选项中权衡利弊，选择最符合其个人需求和偏好的出行方式。

此时，N_{sd}^M，N_{sd}^S，N_{tp}，N_{rd}^M，N_{rd}^S，N_{rp}^M 和 N_{rp}^S 为非负决策变量。影响路段 m 行驶时间的车辆总数 $N^m(m \in \{M, S\})$ 等于 $N_{sd}^m + N_{rd}^m$。因此可得路段 m 的出行时间 $t^m = t(N^m)$。考虑流量守恒关系，如式（4.5）所示。

$$N = N_{sd}^M + N_{sd}^S + N_{tp} + N_{rd}^M + N_{rd}^S + N_{rp}^M + N_{rp}^S \quad (4.5)$$

设 N 为所有 7 种类型出行者的流量 N_{sd}^M，N_{sd}^S，N_{tp}，N_{rd}^M，N_{rd}^S，N_{rp}^M 和 N_{rp}^S 的非负向量。则所研究问题的可行解集为 $\Omega = \{N \leqslant 0 : N \text{ 满足式（4.5）}\}$。很明显，$\Omega$ 同样是一个闭凸集。

由于道路和出行模式的不同，出行者的出行成本也不同。在下面，我们将定义各种类型出行者的出行成本。

独驾司机的出行成本包括以下 3 项：

（1）出行时间成本，即独自驾驶的司机在道路上行驶所花费的时间成本。包括通勤时的行车时间，以及由于交通拥堵、信号灯等因素可能导致的额外等待时间。

（2）驾驶车辆成本，即独自驾驶者因使用私人车辆而产生的相关费用。其中包括燃油费用、车辆维护和修理费用、保险费用以及车辆折旧费用等。

（3）使用路段 m 的费用，即独自驾驶者可能需要支付使用特定路段或高速公路的费用，如过路费或收费道路的使用费。独驾司机的出行成本的计算公式为

$$C_{sd}^m = \alpha t^m + \Delta_d + \tau^m = \alpha\left(a^m + b^m N^m\right) + \Delta_d + \tau^m, \ m \in \{M, S\} \quad (4.6a)$$

在这里假设 $\tau^M \geqslant \tau^S = 0$，即独驾司机在父路径行驶时需要付更多的钱来鼓励出行者参与绿色通勤。

公交乘客的出行成本包括以下 4 项：

（1）出行时间成本，即乘客在乘坐公交车时所花费的时间成本。出行时间成本包括等待公交车的时间、乘车时间以及转乘等待时间。

（2）公交票价，指乘客为乘坐公交车而支付的费用。

（3）公交拥挤成本，即乘客在高峰时段或拥挤的公交车上所经历的拥挤带来的不便和时间成本，乘客可能会感受到拥挤带来的不适和额外的行车时间。

（4）乘客参与绿色通勤的奖励，即乘客因选择环保的出行方式（如公共交通）而可能获得的奖励。这可以是政府或公司提供的奖励，例如降低公交票价、提供优惠或积分等激励措施。公交乘客的出行成本的计算公式为

$$C_{tp} = \alpha t_0 + P_0 + \gamma\left(1 + \rho\frac{N_{tp}}{B}\right) - S_p \quad (4.6b)$$

共乘司机的出行成本包括以下 6 项：

（1）出行时间成本，即共乘司机在道路上行驶所花费的时间成本，包括接送乘客的时间和整体行驶时间。

（2）等待时间成本，即共乘司机在等待乘客上车或等待共乘请求的

时间成本，共乘司机需要考虑等待时间对整体出行时间的影响，因为等待时间可能会影响他们的收入和效率。

（3）驾驶车辆成本，即共乘司机因使用私人车辆而产生的相关费用，如燃油费用、车辆维护和修理费用、保险费用以及车辆折旧费用等。

（4）隐私成本，这是指由于与陌生乘客分享车辆而可能带来的隐私和安全方面的成本。共乘司机可能会考虑到与乘客的相对陌生性所带来的潜在风险，这可能影响他们对接单和参与共乘服务的态度。

（5）共乘收入，这是指共乘司机从乘客那里获得的收入，通常以每位乘客的拼车费用形式出现。共乘收入是共乘司机的经济回报，该收入的多少影响他们是否愿意提供共乘服务。

（6）共乘司机奖励，这是指共乘平台或政府为鼓励共乘司机提供的额外奖励或激励措施。这些奖励可能包括提高收入、提供优惠或提供积分等，以增加司机的共乘动机。共乘司机的出行成本的计算公式为

$$C_{rd}^m = \alpha\left(t^m + t_d^w\right) + \beta \varDelta_d + \varDelta_p - nP_r - S_d, \ m \in \{M, S\}, \ n \in \mathbb{N}_+ \quad (4.6c)$$

很直观的是，$\beta > 1$ 且 $P_r > P_0$。这表明共乘驾驶的成本要比单人驾驶的成本高，而拼车费要比公共汽车票价高。

共乘乘客的出行成本包括以下 5 项：

（1）出行时间成本，这是指共乘乘客在道路上行驶所花费的时间成本，包括整体行驶时间和共乘路径的拼车时间。

（2）等待时间成本，指共乘乘客在等待共乘车辆到达或等待其他乘客上车的时间成本，共乘乘客通常需要考虑等待时间对整体出行的影响，因为等待时间可能会对他们的日程和效率产生影响。

（3）隐私成本，这是指由于与陌生共乘司机和其他乘客分享车辆而可能带来的隐私和安全方面的成本。共乘乘客可能会考虑到与其他陌生人共享车辆可能带来的潜在风险，这可能影响他们选择共乘服务的态度。

（4）拼车费用，这是指共乘乘客需要支付的拼车费用。拼车费用通

常是乘客为了使用共乘服务而支付的成本,这是共乘服务的主要经济支持来源。

(5)共乘乘客奖励,这是指共乘平台或其他激励机制为鼓励乘客选择共乘服务而提供的奖励或优惠措施,这些奖励可能包括降低拼车费用、提供积分或其他福利,以增加乘客对共乘服务的吸引力。共乘乘客的出行成本的计算公式为

$$C_{rp}^m = \alpha\left(t^m + t_p^w\right) + A_p + P_r - S_p, \ m \in \{M, S\} \quad (4.6d)$$

由于共乘活动的存在,我们在共享出行用户均衡(Ridesharing User Equilibrium,RUE)交通分配模型中引入了汽车容量约束,也即边界约束。这一举措的目的是将 RUE 模型与经典的用户均衡(User Equilibrium,UE)交通分配模型明确区分开来。在传统的用户均衡模型中,通常不考虑车辆的容量约束,出行者可以自由选择路径,而路径上的交通流量受到道路容量的限制。然而,在共享出行情境下,由于车辆容量需要满足乘客的数量要求,加入了对车辆载客数量的限制。汽车容量约束为

$$N_{rd}^m \leqslant N_{rp}^m \quad (4.7a)$$

$$N_{rp}^m \leqslant nN_{rd}^m, \ n \in \mathbb{N}_+ \quad (4.7b)$$

不等式(4.7a)和式(4.7b)确保共乘司机必须分别与至少一名乘客(否则该司机为独驾司机)和最多 n 名乘客共享乘车。

根据 Larsson 和 Patriksson 的观点,在 Ridesharing User Equilibrium(RUE)状态下,由于存在汽车容量限制,出行者在选择出行路径和出行模式时倾向于考虑广义出行成本,而不仅仅追求实际道路出行成本最低的道路和模式。分别引入 λ_+^m 和 λ_-^m 代表不等式(4.7a)和不等式(4.7b)中的汽车容量约束的乘数。则所有 7 类出行者的广义出行成本如式(4.8a)~式(4.8d)所示。

$$\tilde{C}_{sd}^m = C_{sd}^m, \ m \in \{M, S\} \quad (4.8a)$$

$$\tilde{C}_{\text{tp}} = C_{\text{tp}} \tag{4.8b}$$

$$\tilde{C}_{\text{rd}}^m = C_{\text{rd}}^m + \left(\lambda_+^m - n\lambda_-^m\right), \quad m \in \{M, S\}, \quad n \in \mathbb{N}_+ \tag{4.8c}$$

$$\tilde{C}_{\text{rp}}^m = C_{\text{rp}}^m - \left(\lambda_+^m - \lambda_-^m\right), \quad m \in \{M, S\} \tag{4.8d}$$

其中，λ_+^m 和 λ_-^m 可以看作是对有限共乘能力的补偿。只有当不等式（4.7a）满足时，λ_+^m 才是正的。同理，只有当不等式（4.7b）满足时，λ_-^m 才是正的。

因此，可以通过式（4.9）计算得出均衡交通流量。

$$\begin{cases} N_w^m > 0, & \tilde{C}_w^m = \tilde{\pi}, \quad m \in \{M, S\}, w \in \{\text{sd}, \text{rd}, \text{rp}\} \\ N_w^m = 0, & \tilde{C}_w^m \geq \tilde{\pi}, \quad m \in \{M, S\}, w \in \{\text{sd}, \text{rd}, \text{rp}\} \\ N_{\text{tp}} > 0, & \tilde{C}_{\text{tp}} = \tilde{\pi} \\ N_{\text{tp}} = 0, & \tilde{C}_{\text{tp}} \geq \tilde{\pi} \\ \lambda_+^m > 0, & N_{\text{rp}}^m = N_{\text{rd}}^m, \quad m \in \{M, S\} \\ \lambda_+^m = 0, & N_{\text{rp}}^m \geq N_{\text{rd}}^m, \quad m \in \{M, S\} \\ \lambda_-^m > 0, & nN_{\text{rd}}^m = N_{\text{rp}}^m, \quad m \in \{M, S\}, n \in \mathbb{N}_+ \\ \lambda_-^m = 0, & nN_{\text{rd}}^m \geq N_{\text{rp}}^m, \quad m \in \{M, S\}, n \in \mathbb{N}_+ \end{cases} \tag{4.9}$$

在式（4.9）中，$\tilde{\pi}$ 是所有出行者的最低广义出行费用。在路径用户均衡状态下，司机（包括独自驾驶和共乘驾驶）和乘客（包括公共交通乘客和共乘乘客）的广义出行费用应该相等。这一原则反映了一个均衡状态，其中每个出行者都作出了最优的路径和出行方式选择，使得任何人都无法通过单方面改变其选择来降低其个人广义出行成本。具体来说，这意味着所有已被利用路径上的广义出行成本（包括独自驾驶的司机、共乘的司机、公共交通乘客和共乘乘客的广义出行成本）不得大于所有未被使用路径上的广义出行成本。这有助于确保交通系统达到均衡状态，没有出现单个出行者可以通过改变其选择来获得更低广义出行成本的情况。换言之，所有已被利用路径（即具有正交通流的路径）的广义出行成本不得大于所有未经使用路径的广义出行成本。

4.2.3 等价的混合互补性问题

我们提出的 RUE 模型[见式（4.9）]可以等价地表示为一个混合互补问题，如式（4.10a）~式（4.10e）所示。

$$0 \leqslant N_w^m \perp \left[\tilde{C}_w^m - \tilde{\pi}\right] \geqslant 0, \quad m \in \{M, S\}, w \in \{\mathrm{sd, rd, rp}\} \quad (4.10\mathrm{a})$$

$$0 \leqslant N_{\mathrm{tp}} \perp \left[\tilde{C}_{\mathrm{tp}} - \tilde{\pi}\right] \geqslant 0 \quad (4.10\mathrm{b})$$

$$0 \leqslant \lambda_+^m \perp \left[N_{\mathrm{rp}}^m - N_{\mathrm{rd}}^m\right] \geqslant 0, \quad m \in \{M, S\} \quad (4.10\mathrm{c})$$

$$0 \leqslant \lambda_-^m \perp \left[nN_{\mathrm{rd}}^m - N_{\mathrm{rp}}^m\right] \geqslant 0, \quad m \in \{M, S\}, n \in \mathbb{N}_+ \quad (4.10\mathrm{d})$$

$$0 \leqslant \tilde{\pi} \perp \left[\left(N_{\mathrm{sd}}^M + N_{\mathrm{sd}}^S + N_{\mathrm{tp}} + N_{\mathrm{rd}}^M + N_{\mathrm{rd}}^S + N_{\mathrm{rp}}^M + N_{\mathrm{rp}}^S\right) - N\right] \geqslant 0 \quad (4.10\mathrm{e})$$

其中，$\perp$ 表示两个向量的内积为零的正交符号；式（4.10a）和式（4.10b）表示共享乘车的用户均衡约束；式（4.10c）和式（4.10d）表示汽车容量约束；式（4.10e）表示流量守恒。

根据 Xu 等（2015a）的观点，可以证明 RUE 方程有解。由于存在边界约束[见式（4.7a）和式（4.7b）]，本章提出的解是非平凡的。根据 Larsson 和 Patriksson（1999）的观点，边界约束和最小广义出行成本的乘数通常不唯一，在交通规划中，广义出行成本最小化问题经常涉及到这样的最优化问题。但是，由于复杂性，存在多个拉格朗日乘数可以满足最优性条件。这表示最优解可能对应于多个不同的乘数值，因此乘数通常不是唯一确定的。

4.3 数值算例

本节通过算例来验证所提出的模型的共享出行模式。在这里，我们使用 GAMS 求解器的"路径"程序"MCP"来求解这个问题。

除非另有说明，本模型中使用的参数设置如下：$N=1000$，$t_0=15$，$t_d^w=2$，$t_p^w=1$，$a^M=6$，$a^S=9$，$b^M=0.02$，$b^S=0.03$，$\alpha=1$，$\Delta_d=10$，$\Delta_p=5$，$\tau^M=\tau^S=0$，$P_0=1$，$P_r=1$，$B=200$，$n=1$，$\gamma=8$，$\rho=0.35$，$\beta=1.2$。

在显示均衡结果之前，定义交通网络中的车辆总数（用 N^V 表示）和参与绿色通勤的乘客比例（用 R 表示），如式（4.11）和式（4.12）所示。

$$N^V = N_{sd}^M + N_{sd}^S + N_{rd}^M + N_{rd}^S \tag{4.11}$$

$$R = \frac{N_{tp} + N_{rd}^M + N_{rd}^S + N_{rp}^M + N_{rp}^S}{N} \tag{4.12}$$

在不考虑共享出行的情况下，讨论参与绿色通勤的乘客奖励 S_p，父路径独驾司机道路通行费 τ^M，公共汽车的载客量 B，时间价值 α，以及出行需求 N 对均衡共享行为的影响，分别如图4.3，图4.4和表4.2所示。

表4.2　N、B 和 α 对不考虑共享出行的均衡流量的影响

	$N=1000$，$B=200$，$\alpha=1$	$N=2000$	$N=3000$	$B=300$	$B=400$	$\alpha=2$	$\alpha=3$
N_{sd}^M	540	863.08	1186.15	513.75	495.79	511.58	496.80
N_{sd}^S	260	475.38	690.77	242.50	230.53	241.05	231.20
N_{tp}	200	661.54	1123.08	243.75	273.68	247.37	272.00
R	0.2	0.331	0.374	0.244	0.274	0.247	0.272

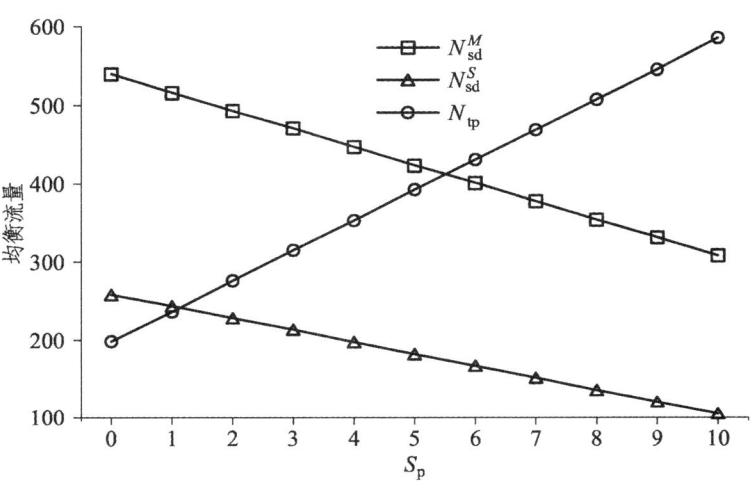

图 4.3 S_p 对不考虑共享出行的均衡流量的影响

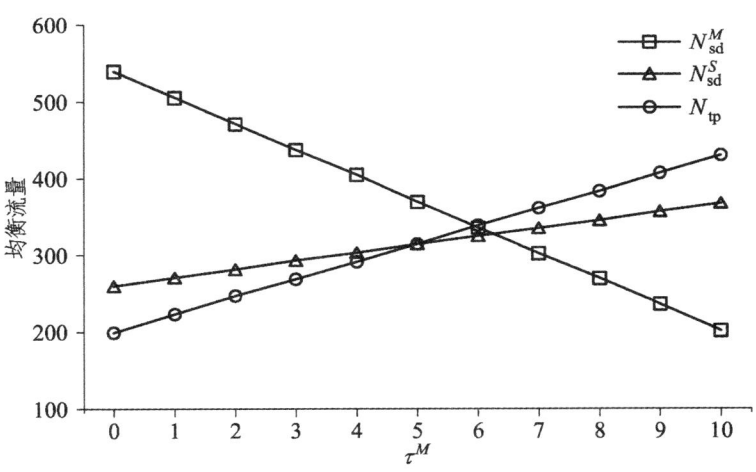

图 4.4 τ^M 对不考虑共享出行的均衡流量的影响

从图 4.3 和图 4.4 以及表 4.2 中，我们得到了 3 个发现。第一，关于绿色通勤，研究发现参与绿色通勤的乘客比例（等于公交客流除以出行需求）随着参与绿色通勤的乘客奖励 S_p、父路径独驾司机道路通行费 τ^M、公共汽车的载

客量 B 的增加而增加。这是因为这 3 个参数的设计刺激或迫使乘客选择乘坐公共交通，从而减少了交通网络中的汽车总数 N^V。这一发现强调激励性因素在促使绿色通勤行为的实现中的有效性。第二，参与绿色通勤的乘客比例还随着出行者总人数 N 和时间价值 α 的增加而增加。这与预期一致，随着出行需求的增加，交通网络变得更加拥挤，导致乘客的总成本随着时间价值的增加而增加。这表明在高需求时期，更多的出行者愿意采用绿色通勤，以降低网络拥堵所带来的时间成本。第三，研究发现激励策略（S_p）的绩效优于惩罚策略（τ^M），同时激励和惩罚策略的绩效均优于直接增加公共汽车容量。这意味着通过提供奖励或采取激励性的措施，可以更有效地推动绿色通勤行为，而直接增加公共汽车容量的效果相对较弱。

在考虑共享出行的情况下，我们探讨了司机奖励 S_d，乘客奖励 S_p，隐私成本 Δ_p，道路通行费 τ^M，公共汽车容量 B，汽车容量 n，时间价值 α，出行需求 N 对均衡共享乘车行为的影响，如图 4.5~图 4.8、表 4.3 和表 4.4 所示。

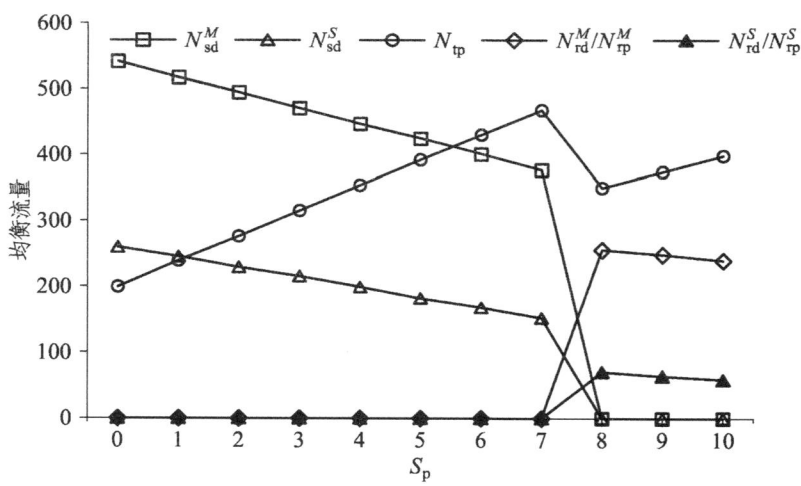

图 4.5 S_p 对考虑共享出行的均衡流量的影响

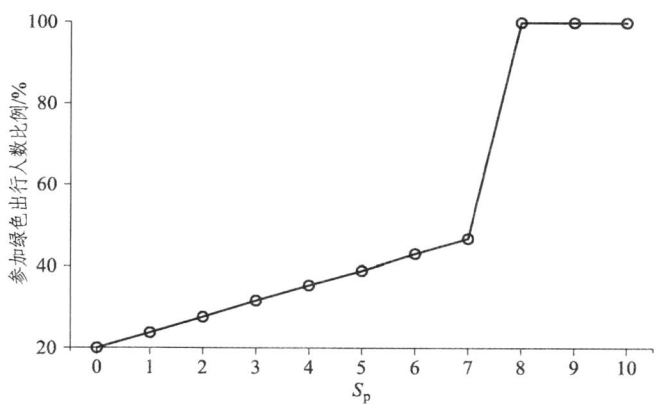

图 4.6 S_p 对共享出行均衡状态下参加绿色出行人数比例的影响

从图 4.5 和图 4.6 可以看出：① 当乘客奖励 S_p 增加时，更多的乘客选择绿色通勤模式，包括公交模式和共乘模式；② 独驾司机人数随 S_p 的增加而减少，当 $S_p \in [0,7]$ 和 $S_p \in [8,10]$ 时，公交乘客人数随 S_p 的增加而增加；③ 在 $S_p=8$ 时，共乘模式开始有市场份额，而独驾模式开始没有市场份额，而因此公交乘客人数略有下降；④ 当 $S_p \in [8,10]$ 时，没有出行者选择独驾模式，即所有出行者都采取环保型出行模式。

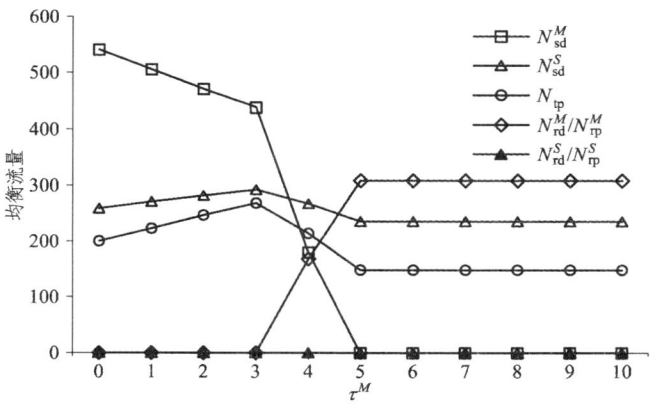

图 4.7 τ^M 对共享出行均衡状态下均衡流量的影响

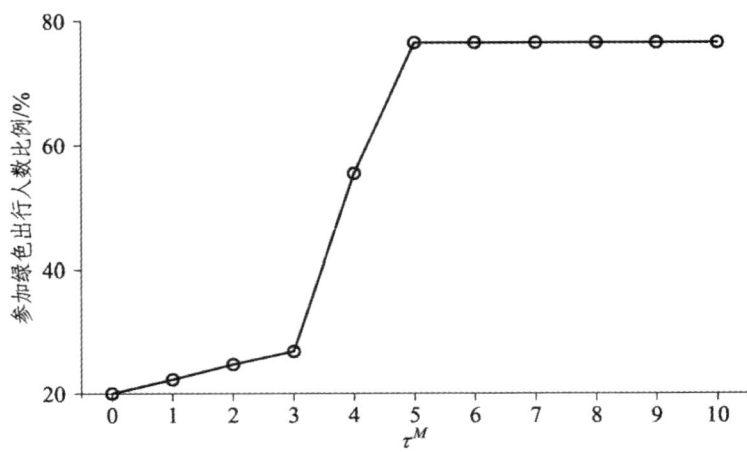

图 4.8 τ^M 对共享出行均衡状态下参加绿色出行人数比例的影响

从图 4.7 和图 4.8 可以看出：① 随着出行费用 τ^M 的增加，更多的独驾出行者被迫转为公交乘客、共享司机和共享乘客；② 当 $\tau^M \in [0,3]$ 时，公交乘客数量随 τ^M 增加而增加，当 $\tau^M \in [4,5]$ 时，由于共享乘车模式的存在，公交乘客数量随 τ^M 减少而减少；③ 当 $\tau^M = 4$ 时，共乘模式开始有市场份额，即 4 种出行模式都有市场份额；④ 当 $\tau^M \in [5,10]$ 时，一些出行者选择单独驾驶时使用子路径 S，还有一些出行者选择共享出行并使用父路径 M，其他出行者乘坐公共交通。

表 4.3 N、B 和 α 对共享出行均衡流量的影响

	$N=1000$, $B=200$, $\alpha=1$	$N=2000$	$N=3000$	$B=300$	$B=400$	$\alpha=2$	$\alpha=3$
N_{sd}^M	540	863.08	1186.15	513.75	495.79	511.58	496.8
N_{sd}^S	260	475.39	690.77	242.50	230.53	241.05	231.20
N_{tp}	200	661.54	1123.08	243.75	273.68	247.37	272.00
N_{rd}^M	0	0	0	0	0	0	0
N_{rd}^S	0	0	0	0	0	0	0
R	0.2	0.331	0.374	0.244	0.274	0.247	0.272

表 4.4 S_d、Δ_p 和 n 对共享出行均衡流量的影响

	$S_d=0$, $\Delta_p=5$, $n=1$	$S_d=1,2,\cdots,8$	$S_d=9,10$	$\Delta_p=0$	$\Delta_p=1,2,\cdots,10$	$n=2$	$n=3$
N_{sd}^M	540	540	0	0	540	0	0
N_{sd}^S	260	260	0	0	260	0	0
N_{tp}	200	200	0	0	200	0	0
N_{rd}^M	0	0	360	360	0	270.64	221.18
N_{rp}^M	0	0	360	360	0	541.29	663.53
N_{rd}^S	0	0	140	140	0	62.69	28.82
N_{rp}^S	0	0	140	140	0	125.38	86.47
N^V	800	800	500	500	800	333.33	250.00
R	0.2	0.2	1	1	0.2	1	1

从表 4.3 可以看出，参数 N、B 和 α 对有无共享出行情况下的平衡结果的影响是相同的。

由表 4.4 可知：① 当 $S_d=0$（$\Delta_p=5$）时的均衡结果与当 $S_d\in[1,8]$ 和 $\Delta_p\in[1,10]$ 时的均衡结果相同；② 只有当 $S_d\in[9,10]$ 和 $\Delta_p=0$ 时，共享出行模式才有市场份额；③ 汽车容量 n 对共享出行活动有显著影响，因此，交通网络中的车辆总数随着 n 的减少而减少。

总地来说，我们可以得出以下结论：

在考虑和不考虑共乘出行的情况下，研究指出，父路径上的乘客奖励 S_p 和独驾司机收费 τ^M 相较于其他参数，对出行者的路线和模式选择具有显著影响。这意味着乘客奖励和独驾司机收费的设定会在共享乘车决策中扮演关键角色，影响着出行者的决策过程。

研究发现 S_p 激励（τ^M 迫使）更多人选择绿色通勤模式，从而减少交

通网络中的汽车数量。这表明激励策略在促使出行者采用环保出行方式上有显著的效果，能够在一定程度上减轻交通拥堵，提高道路使用效率。

汽车容量的增加促使更多的出行者选择共享乘车，而这一效果明显优于公共汽车容量的增加。这强调了增加私人汽车容量对于鼓励共享出行行为的重要性，对缓解拥堵和提高系统效率具有积极的影响。

在所有参数相同的情况下，考虑共享乘车的情况使得更多的通勤者选择环保的出行方式。这进一步强调了共享乘车对于促进环保出行的作用，对于实现可持续的交通系统具有积极的推动作用。

4.4 本章小结

本章引入了一个用户均衡交通分配模型，旨在将共享出行和公共交通整合到一个包含一个OD对（起点和终点对）的交通网络中。在这一模型中，所有的出行者在决定其路径和出行方式时，都致力于最小化独自驾驶司机、公共交通乘客、共享出行司机和共享出行乘客之间的广义出行成本，考虑到汽车容量的约束而非实际出行成本。具体而言，该模型可等价地表述为一个混合互补问题，综合考虑各种出行模式和路径的相互影响。为了探讨模型的性能和关键参数的影响，进行数值算例分析。这些关键参数包括驾驶员报酬、乘客报酬、隐私成本、父路径独自驾驶司机收费、公共汽车通行能力、汽车通行能力、时间价值以及出行需求。数值结果显示，对乘客提供共享出行的奖励和对独自驾驶司机征收通行费会显著影响出行者的共享出行模式选择。这表明，在制定交通政策和激励共享出行行为方面，对这些关键参数的合理调整至关重要。

基于该模型，存在许多值得进一步探索的方向。在过去几年中，共享乘车的吸引力不断增加，因此考虑选择发车时间的动态交通分配问题是一个有趣的方向。当前模型未考虑出行者在选择共享乘车时的发车时间，而在实际情况中，发车时间的选择可能会对共享出行的成本和效率产生显著影响。因此，将模型扩展为动态交通分配问题，考虑到发车时间的选择，可以更全面地模拟共享出行的实际运行情况。此外，将所提出的模型扩展到多用户类别的情况也是有趣的研究方向。通过区分出行者的特征，例如时间价值或乘车偏好，可以进一步研究不同用户群体对交通系统的影响。这种扩展可以更好地反映实际情况中不同出行者群体的差异，从而提高模型的逼真性和适用性。再者，深入研究交通政策对共享出行决策行为的影响也是有必要的。不同的交通政策可能对共享出行的选择产生显著影响，例如改变驾驶员报酬、乘客报酬或者优化共享服务的路线。因此，研究这些政策对出行者行为的激励作用，对于指导城市交通规划和管理具有实际意义。

综上所述，基于目前模型的基础上，未来的研究可以通过考虑动态因素、多用户类别和交通政策的影响，进一步拓展对共享出行决策的深入理解，从而更好地支持城市交通系统的可持续发展。

05
PART FIVE

第 5 章
基于失望理论的随机用户均衡模型

随着现代交通技术的不断发展，出行者的路径选择成为了研究的热点问题。在数据资源愈发丰富的背景下，以及在不同的道路、交通、控制和环境条件下，更好地理解出行者的路径选择面临着挑战。对出行者路径选择的研究能为城市交通的规划和管理提供有效的帮助，具有非常重要的理论价值和现实意义。Wardrop（1952）提出用户均衡（User Equilibrium，UE）的定义，在道路的利用者都确切知道网络的交通状态并试图选择最短径路时，网络将会达到平衡状态。在考虑拥挤对行驶时间影响的网络中，当网络达到平衡状态时，每个 OD 对各条被使用的路径的行驶时间是相等而且是最小的，没有被使用的路径的行驶时间大于或等于最小行驶时间。该理论假设，在用户均衡状态下没有人能通过单方面地改变路径来改进其出行成本。Daganzo 和 Sheffi（1977）考虑到出行者的感知偏差，提出了随机用户均衡（Stochastic User Equilibrium，SUE）。UE 和 SUE 均假设出行者是完全理性的，但实际上人们的出行决策往往是有限理性的（Lou 和 Yin，2011；王先甲等，2011；Chen 等，2012；张新洁等，2018；Barazza 和 Strachan，2020；Foramitti 等，2021），会受后悔、失望等心理因素的影响。考虑心理因素对路径选择的影响会使研究结论更切合实际，因此基于心理因素对路径选择的研究具有重要意义。

当前国内外基于前景理论（Barberis 等，2004；徐红利等，2010、2011；Tian 等，2012；Yang 等，2017；Zhang 等，2018；Gao 等，2021）和后悔理论（Chorus 等，2008、2013；Chorus，2010、2012、2014；Li 和 Huang，2017；Ramos 等，2018；Iraganaboina 等，2021）的路径选择行为研究已经比较成熟，而基于失望理论的路径选择影响的研究较少。李梦和黄海军（2017）构建了基于一般后悔理论的 Logit 形式的随机用户均衡模型（SUE），而研究的结果验证了后悔厌恶程度对路径选择行为的影响。Xu 等（2011）利用累积前景理论建立了一种通用的出行决策准则，将出行者在路径选择时的心理因素考虑其中，应用前景理论分析出行者的路径选择行为。

失望理论是指当决策者当下选择的结果低于预期时，失望就产生了；反之，当出行者路径选择的结果超过预期，满意就产生了。当下选择的结果和预期之间差距越大，决策者的失望或满意就越大。Bell（1985）首次研究了失望理论在不确定性条件下对决策的影响，失望是对结果不符合预期的一种心理反应，差距越大失望就越大。失望理论广泛运用于很多领域，包括消费者和厂商关于购买的决策等，Liu 和 Shum（2013）分析了失望厌恶对顾客策略性购买行为及公司定价与配给决策的影响；Sonsino

（2008）研究了失望厌恶对网上拍卖决策行为的影响；曹兵兵等（2019）构建了基于失望理论的零售商订货与广告联合决策模型；Gill 和 Prowse（2012）研究了失望心理在实际的竞争环境中如何影响人的决策行为。Zhang 等（2019）提出了一种基于失望理论的双边匹配决策方法。

近年来，一些学者将失望因素纳入路径选择的研究。Fonzone 等（2012）综合分析失望、后悔和风险规避对路径选择的影响。Carvalho 等（2016）通过贝叶斯信念更新机制对出行时间均值及方差进行调整，构建了基于失望和后悔的动态路径选择模型，将失望理论纳入影响出行者路径选择的因素中。本章考虑到出行者路径选择受失望心理影响，引入 Carvalho 等（2016）中的失望函数，构建了基于一般失望理论（Disappointment Theory，DT）的 Logit 形式的 SUE 模型。使用算例对模型进行验证，研究出行者失望厌恶水平和不同预期的选择对出行者路径选择行为的影响。

5.1 符号定义与假设

$G(N, A)$ 是一个城市道路交通网络，其中 N 为节点集合，A 为路段集合。假设 $G(N, A)$ 是具有多个 OD 对的强连通有向网络，即从任意起始节点出发至少存在一条路径能够到达其他终止节点。W 表示 OD 对集合，连接每个 OD 对 $\omega \in W$ 的路径集合为 R_ω，每个 OD 对之间的出行需求是给定的。本章中涉及其的符号及含义如表 5.1 所示。

表 5.1 符号及其含义

符号	含义
x_a	路段 $a \in A$ 上的流量
δ_{ar}^{ω}	若路段 $a \in A$ 在连接 OD 对 $\omega \in W$ 的路径 $r \in R_\omega$ 上取值为 1，否则取 0
$f_{r\omega}$	OD 对 $\omega \in W$ 间路径 $r \in R_\omega$ 上的流量

续表

符号	含义
f	向量，$\boldsymbol{f}=(f_{r\omega})_{r\in R_\omega,\omega\in W}$
$p_{r\omega}$	出行者选择 OD 对 $\omega\in W$ 间路径 $r\in R_\omega$ 的概率
p	向量，$\boldsymbol{p}=(p_{r\omega})_{r\in R_\omega}$
d_ω	OD 对 $\omega\in W$ 间出行总需求
d	向量，$\boldsymbol{d}=(d_\omega)_{\omega\in W}$
t_a	路段 $a\in A$ 的出行时间
$C_{r\omega}$	OD 对 $\omega\in W$ 间路径 $r\in R_\omega$ 的出行成本
$E_{r\omega}$	OD 对 $\omega\in W$ 间路径 $r\in R_\omega$ 的预期出行成本
$h_{r\omega}$	兼顾 OD 对 $\omega\in W$ 间路径 $r\in R_\omega$ 上的出行费用和失望感觉的修正成本
$H_{r\omega}$	兼顾 OD 对 $\omega\in W$ 间路径 $r\in R_\omega$ 上的出行费用和失望感觉的感知修正成本
$\zeta_{r\omega}$	修正成本的随机误差项
β	出行者的失望厌恶水平
θ	离差参数
Ω	可行解集

网络中的路段与路径流量以及路段与路径出行时间的关系如下。

路径流量 x_a 和路段流量 f_{rw} 的关系如式（5.1）所示。

$$x_a = \sum_{r\in R_\omega} \delta_{ar}^\omega f_{r\omega}, \forall a\in A \tag{5.1}$$

其中，路段流量为经过该路段的所有路径流量之和。

OD 对之间路径流量与出行总需求之间的关系如式（5.2）所示。

$$\sum_{r \in R_\omega} f_{r\omega} = d_\omega, \forall \omega \in W \tag{5.2}$$

其中，OD 对 $\omega \in W$ 之间各路径流量之和等于出行总需求。

路径流量确保非负，如式（5.3）所示。

$$f_{r\omega} \geqslant 0, \forall r \in R_\omega, \omega \in W \tag{5.3}$$

路径出行时间（成本）$C_{r\omega}$ 和路段出行时间 t_a 的关系如式（5.4）所示。

$$C_{r\omega} = \sum_{a \in A} \delta_{ar}^\omega t_a(x_a), \forall r \in R_\omega, \omega \in W \tag{5.4}$$

其中，路径出行时间（成本）为路径上各路段出行之和。

5.2 基于失望理论的随机用户均衡模型构建

失望理论考虑失望和高兴的心理因素对决策行为的影响，该理论假设决策行为不仅取决于当下选择的结果，还受到与预期结果进行比较获得的失望和高兴心理感受的影响（Bell，1985）。将失望理论应用到路径选择领域，当出行者选择该路径产生的实际出行成本高于预期出行成本，出行者会感到失望；反之，则会感到高兴。由于负面情绪对行为决策的影响较大，因而本章只研究失望心理对出行者路径选择行为的影响，文中构建了衡量出行者失望水平的失望函数，将出行者的实际出行成本及预期出行成本引入失望函数中，对出行者的出行成本进行修正，进而影响出行者的路径选择行为。在此基础上，本章考虑出行者的不同预期出行成本，进一步研究失望心理作用下预期成本变化对出行者路径选择行为的影响。

本章构建一个兼顾实际出行成本和失望心理影响的修正成本函数 $h_{r\omega}$，如式（5.5）和式（5.6）所示。

$$h_{r\omega} := C_{r\omega} + D(\beta, C_{r\omega} - E_{r\omega}), \forall r \in R_\omega, \omega \in W \tag{5.5}$$

$$D(\beta, y) = \max(0, \beta y), \beta \in [0, +\infty) \tag{5.6}$$

其中，$D(\beta, y)$ 为失望函数；$\beta(\beta \geqslant 0)$ 为出行者的失望厌恶参数，$\beta=0$ 时该模型退化为一般的 SUE 模型；$C_{r\omega}$ 为出行者的实际出行成本；$E_{r\omega}$ 为出行者的预期出行成本。本章中分别使用两种预期出行成本，$E_{r\omega}^1 = C_{\min,\omega}$，$E_{r\omega}^2 = C_{\mathrm{mean},\omega}$，其中 $C_{\min,\omega}$ 为 OD 对 $\omega \in W$ 之间最短的自由流出行时间，$C_{\mathrm{mean},\omega}$ 为 OD 对 $\omega \in W$ 之间所有路径的自由流出行时间的均值。$D(\beta, C_{r\omega} - E_{r\omega})$ 是失望厌恶水平 β 的增函数，也是出行成本差值 $(C_{r\omega} - E_{r\omega})$ 的增函数，即失望厌恶水平 β 或出行成本差值 $(C_{r\omega} - E_{r\omega})$ 越大，出行者感受到的失望成本越大。由修正成本函数 $h_{r\omega}$ 可以看出，当出行者的实际出行成本高于预期出行成本时，产生的失望心理会增加修正成本；当出行者的实际出行成本不高于预期出行成本时，将不会产生失望心理，出行者的出行成本也不会发生改变。

用 $H_{r\omega}$ 表示感知修正成本函数，则 $H_{r\omega}$ 与 $h_{r\omega}$ 的关系为

$$H_{r\omega} = h_{r\omega} + \zeta_{r\omega}, \forall r \in R_\omega, \omega \in W \tag{5.7}$$

其中，$\zeta_{r\omega}$ 是修正成本的随机误差项，本章采用多项式 Logit 模型，即 $\zeta_{r\omega}$ 服从独立相同的 Gumbel 分布。在基于失望理论的 SUE 模型中，路径被选择的概率以及路径流量如式（5.8）和式（5.9）所示。

$$p_{r\omega} = \frac{\exp(-\theta h_{r\omega})}{\sum_{l \in R_\omega} \exp(-\theta h_{l\omega})}, \forall r \in R_\omega, \omega \in W \tag{5.8}$$

$$f_{r\omega} = d_\omega p_{r\omega} = d_\omega \frac{\exp(-\theta h_{r\omega})}{\sum_{l \in R_\omega} \exp(-\theta h_{l\omega})}, \forall r \in R_\omega, \omega \in W \tag{5.9}$$

其中，θ 为离差参数，用于度量出行者对路径感知修正成本的误差水平。当 $\theta \to 0$ 时，出行者对路径修正成本感知误差很大，即出行者等可能地选择每一条路径；当 $\theta \to +\infty$ 时，出行者对路径修正成本几乎没有感知误差，能够准确根据修正成本做出选择，因而 SUE 模型变成 UE 模型。

基于失望理论的 SUE 模型的均衡条件可表达为

$$\begin{cases} f_{r\omega}(f_{r\omega}-d_\omega p_{r\omega})=0, \forall r \in R_\omega, \omega \in W \\ f_{r\omega} \geqslant 0, \forall r \in R_\omega, \omega \in W \\ \sum_{r \in R_\omega} f_{r\omega}=d_\omega, \forall r \in R_\omega, \omega \in W \end{cases} \quad (5.10)$$

求解均衡条件式（5.10）的算法有很多，而寻找均衡解的本质就是实现自己到自己的映射，即找到一个路径流量解。通过式（5.1）可以求得一个路径流量，通过式（5.4）计算路径出行时间，通过式（5.5）和式（5.6）计算修正成本，再通过式（5.8）计算路径被选择概率，最后通过式（5.9）求得路径流量，因此均衡条件式（5.10）成立时，该路径流量应与前面的路径流量相等。本章使用相继平均法（Method of Successive Averages，MSA）（黄海军，1994；陆化普和黄海军，2007）求解均衡的路径流量。

5.3 等价的变分不等式问题

基于 DT 的随机用户均衡模型可以表示成如式（5.11）所示的变分不等式问题：寻找一个向量 $f^* \in \Omega$ 使得对于所有的 $f \in \Omega$ 满足

$$\left(f^*-p(f^*)\cdot d\right)^{\mathrm{T}}\left(f-f^*\right) \geqslant 0 \quad (5.11)$$

其中，Ω 是一个闭凸集，由式（5.12）给出。

$$\Omega=\left\{f \geqslant 0: \sum_{r \in R_\omega} f_{r\omega}=d_\omega, \forall \omega \in W\right\} \quad (5.12)$$

定理 1 基于 DT 的随机用户均衡模型的均衡条件[式（5.2）和式（5.10）]等价于变分不等式问题（5.11）。

证明：如果 f^* 满足均衡条件式（5.2）和式（5.10），变分不等式问题（5.11）显然成立。如果 f^* 是变分不等式问题（5.11）的一个解，不失一般性，固定一条路径 $k \in R_v$，假设一个可行路径流量 f 满足

$f_{r\omega} = f_{r\omega}^*$，$(r,\omega) \neq (k,v)$，但是 $f_{kv} \neq f_{kv}^*$。代入到式（5.11），得到

$$\left(f_{kv}^* - d_\omega \cdot p_{kv}\left(f_{kv}^*\right)\right)^{\mathrm{T}} \left(f_{kv} - f_{kv}^*\right) \geqslant 0。 \quad (5.13)$$

对于任意一个有效的路径 $k \in R_v$，均有 $f_{kv} > 0$ 成立，由式（5.13）可得

$$f_{kv}^* - d_w \cdot p_{kv}\left(f_{kv}^*\right) = 0， \quad (5.14)$$

因此，式（5.2）和式（5.10）成立。

定理 2 变分不等式问题（5.11）至少存在着一个解。

证明：由于路段时间函数 t_a 是 x_a 的连续函数，根据式（5.4），式（5.5），式（5.6），式（5.8），式（5.9）可以看出 $p_{r\omega}$ 是关于 $f_{r\omega}$ 的连续函数，因此 $f - p(f) \cdot d$ 是关于 f 的连续函数，而 Ω 又是闭凸集，因此根据参考文献[156]，该变分不等式问题至少存在着一个解。

一般来说，$p_{r\omega}$ 的严格单调性不能保证，因此变分不等式问题（5.11）的解一般不唯一。

5.4 求解算法

本章使用 MSA 方法求解失望理论下的 SUE 模型，具体步骤如下。

步骤 0 初始化。令迭代终止误差 $\sigma = 0.01$，迭代次数 $n = 1$，生成初始路径流量 $\{f_{r\omega}^{(1)}\} \in \Omega = \left\{f \geqslant 0 : \sum_{r \in R_\omega} f_{r\omega} = d_\omega, \forall \omega \in W\right\}$，本章按自由流出行时间分配的路径流量作为初始路径流量 $\{f_{r\omega}^{(1)}\}$。

步骤 1 修正成本计算。根据式（5.1）计算路段 $a \in A$ 上的流量 $x_a^{(n)}$，通过式（5.4）~式（5.6）计算路径 $r \in R_\omega$ 的修正成本 $h_{r\omega}^{(n)}$。

步骤 2 流量更新。设 $y_a^{(n)}$ 为 $x_a^{(n)}$ 的辅助变量，$y_{r\omega}^{(n)}$ 是 $f_{r\omega}^{(n)}$ 的辅助变量，$y_a^{(n)}$ 是由式（5.1）和式（5.9）计算得到的，如式（5.15）和式

（5.16）所示。

$$x_a^{(n)} = \sum_{r \in R_\omega} \delta_{ar}^\omega f_{r\omega}^{(n)}, \forall a \in A \qquad (5.15)$$

$$y_{r\omega}^{(n)} = d_\omega p_{r\omega} = d_\omega \frac{\exp(-\theta h_{r\omega})}{\sum_{l \in R_\omega} \exp(-\theta h_{l\omega})}, \forall r \in R_\omega, \omega \in W \qquad (5.16)$$

对于 OD 对 $\omega \in W$ 之间的每条路段 $a \in A$，更新流量 $x_a^{(n+1)}$ 的计算如式（5.17）和式（5.18）所示。

$$y_a^{(n)} = \sum_{r \in R_\omega} \delta_{ar}^\omega y_{r\omega}^{(n)}, \forall a \in A \qquad (5.17)$$

$$x_a^{(n+1)} = x_a^{(n)} + \frac{1}{n}(y_a^{(n)} - x_a^{(n)}), \forall a \in A \qquad (5.18)$$

步骤 3 收敛性检验。如果收敛因子 $G = \sum_{a \in A} \left\| \frac{x_a^{(n)} - x_a^{(n-1)}}{x_a^{(n)}} \right\| \leqslant \sigma$，程序结束。否则令 $n = n+1$，返回步骤 1。

5.5 数值算例

5.5.1 不考虑拥挤效应的并行网络

考虑一个具有 2 个节点和 2 条路径的并行网络，如图 5.1 所示，路径 A 的行驶时间是 18 min，路径 B 的行驶时间在 16 min 到 20 min 内变化。此网络不考虑拥挤效应，即 2 条路径的行驶时间与路径流量无关，OD 对需求的变化不会影响 2 条路径被选择的概率。在此算例中使用以下参数值：离差参数 $\theta = 1$，路径总数 $K=2$，最大值迭代次数 $N = 10\,000$，迭代终止误差 $\sigma = 0.01$。另外，OD 对之间的需求为 $d=10$，用 OD 对间较小的路径出行时间来表示出行者的预期出行时间。

第 5 章 基于失望理论的随机用户均衡模型

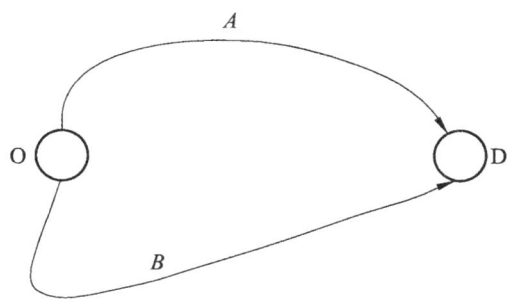

图 5.1 一个含有两条路径的并行网络

图 5.2 和图 5.3 分别给出了在不同失望厌恶水平下 2 条路径被选择的概率。当路径 B 的行驶时间在[16，18]之间变化时，路径 B 是最短路径，路径 A 是较长路径，即 $P(A)<P(B)$，随着路径 B 的行驶时间增加，路径 B 相对于路径 A 的优势减弱，因此选择路径 A 的概率在增加，而选择路径 B 的概率在减少。当路径 B 的行驶时间在[18，20]之间变化时，路径 A 是最短路径，路径 B 是较长路径，即 $P(A)>P(B)$，随着路径 B 的行驶时间增加，路径 A 相对于路径 B 的优势增强，因此选择路径 B 的概率在减少，而选择路径 A 的概率在减少。当路径 B 的行驶时间为 18 min 时，$P(A)=P(B)=0.5$，出行者等概率地选择这两条路径。

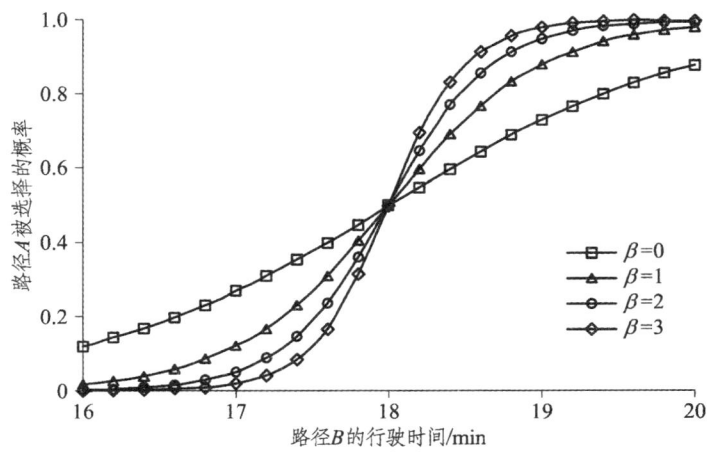

图 5.2 失望厌恶水平对路径 A 被选择概率的影响

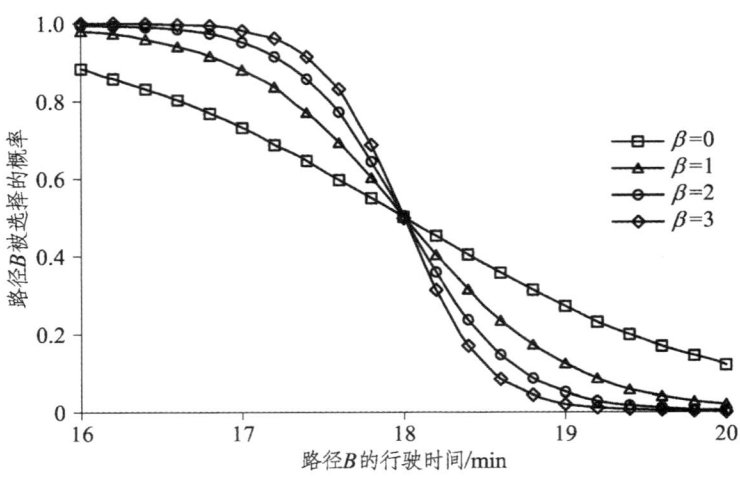

图 5.3 失望厌恶水平对路径 B 被选择概率的影响

从图 5.2 和图 5.3 中可以看出，当路径 B 的行驶时间为 17 min 时，随着失望厌恶水平从 0 增加到 3，路径 A 被选择的概率减少，越来越多的出行者从路径 A 转移到路径 B，即转移到了最短路径上。当失望厌恶水平达到某阈值时，几乎没人选择路径 A；当路径 B 的行驶时间为 19 min 时，随着失望厌恶水平从 0 增加到 3，路径 A 被选择的概率增加，越来越多的出行者从路径 B 转移到路径 A，即转移到了最短路径。当失望厌恶水平达到某阈值时，路径 A 被选择的概率趋于 1。

由此可以发现，当出行者在选择路径时，若路径的行驶时间变化，路径的被选择概率也会随之变化，出行者倾向于选择行驶时间短的路径。同时，此算例验证了失望厌恶水平对出行路径的影响，当两条路径的行驶时间固定时，最短路径的被选择概率随着失望厌恶水平的增加而增加，较长路径被选择的概率随着失望厌恶水平的增加而减少。此外，当失望厌恶水平超出某一程度时，所有的出行者均会选择最短路径。

5.5.2 考虑拥挤效应的网格网络

图 5.4 是具有 2 个 OD 对，12 条路段和 8 条路径的网格网络，该交通网络中列出每个路段的自由流出行时间 t_a^0 和容量 C_a，并给出 2 个 OD 对之间所有的路径。对于各路段上的出行时间 t_a，采用美国联邦公路局（Bureau of Public Roads，BRP）建议的函数：

$$t_a = t_a^0(1+0.6(x_a/C_a)^4) \tag{5.19}$$

其中，t_a^0 为路段 a 的自由流行驶时间；C_a 为路段 a 的通行能力；x_a 是路段 a 的流量。

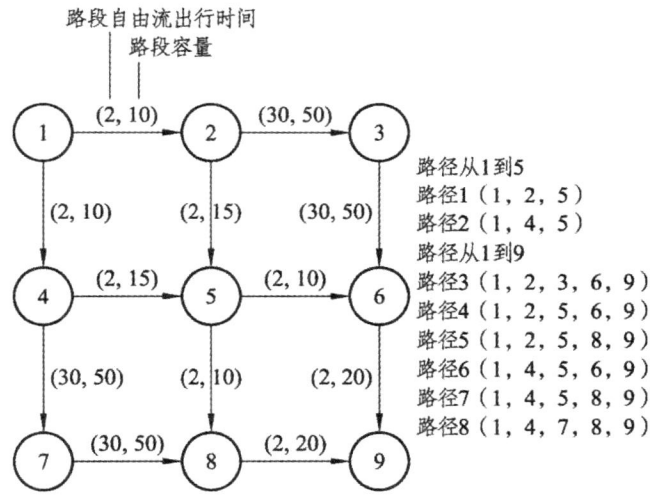

图 5.4 一个含有两个 OD 对和九条路径的网格网络

在此算例中使用以下参数值：失望厌恶水平 $\beta=3$，路径总数 $K=8$，最大值迭代次数 $N=10\,000$，迭代终止误差 $\sigma=0.01$。另外，从节点 1 到 5 和从节点 1 到 9 这两个 OD 对之间的出行需求分别为 $d_{(1,5)}=10$ 和 $d_{(1,9)}=20$。通过将每个 OD 对间出行需求分别乘以一个常数 α（$\alpha=2.0$，2.2，2.4），来改变两个 OD 对之间的出行需求。从图 5.4 可知，该网格网络是对称的网络结构，即对称的网络结构使得某些路段有相同的自由流出行时间和容量，进而使得在均衡状态下某些路径被选择的概率相同（$p_1=p_2$，$p_3=p_8$，$p_4=p_5=p_6=p_7$）。

为了研究不同预期下失望心理对路径选择行为的影响，设定两种情景：第一种情景为出行者将 OD 对间自由流出行时间的最小值作为预期（简称为最小值预期）；第二种情景为出行者预期将 OD 对间自由流出行时间的均值作为预期（简称为均值预期）。使用相继平均算法（MSA）求解 SUE 模型的均衡流量解，由于是对称的网络结构，OD 对（1，5）间只有两条路径（路径 1 和 2），均衡时的两条路径被选择的概率均为 0.5。OD 对（1，9）之间的路径可分为两类，一类是以路径 3 为代表的自由流出行时间较长但容量较大的路径，另一类是以路径 4 为代表的自由流出行时间较短但容量较小的路径。

图 5.5 和图 5.6 分别给出两种情景下离差参数 θ 对路径 3 和路径 4 被选择的概率的影响。首先，对于给定的出行需求，随着离差参数 θ 的增加，路径 3 被选择的概率逐渐减小，路径 4 被选择的概率逐渐增大。这与预期相符，离差参数 θ 越大，出行者的误差敏感度越高。其次，对于给定的离差参数 θ，随着出行需求增加，路径 3 被选择概率逐渐减小，路径 4 被选择概率逐渐增大。这是因为出行者倾向于选择修正成本较小的路径，当出行需求较小时，自由流出行时间较短的路径 4 的修正成本较小，因而出行者倾向于选择路径 4；随着出行需求不断增加，网络变得越发拥挤，容量较小的路径 4 的拥挤状况更为严重，修正成本和路径 3 趋近，因而越来越多的出行者从路径 4 转移到路径 3。

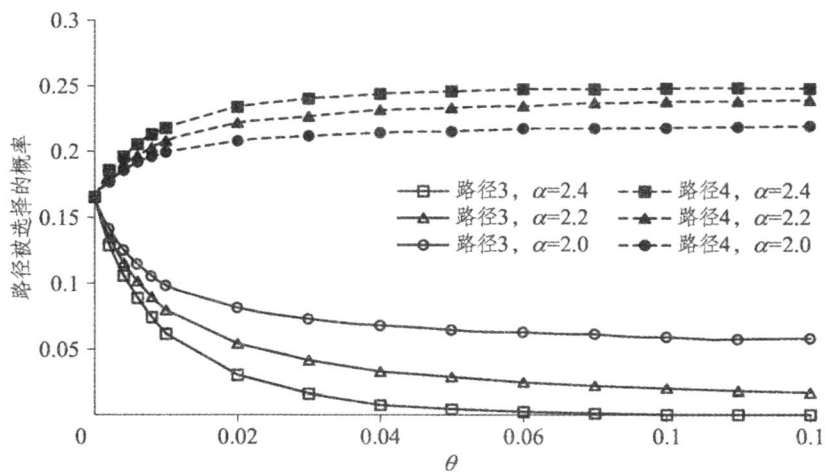

图 5.5 最小值预期下路径 3 和路径 4 被选择的概率

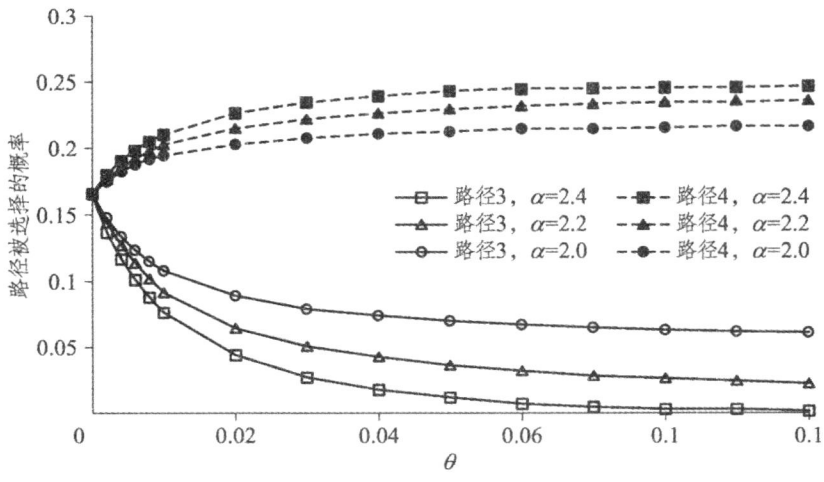

图 5.6 均值预期下路径 3 和路径 4 被选择的概率

为研究两种情景下出行者路径选择行为的差异，两种预期下路径 4 被选择的概率随离差参数的变化见图 5.7。由图 5.7 可知，对于给定的离差参数 θ，随着出行需求增加，两种预期下路径 4 被选择的概率差异逐渐变小。这是因为最小值预期相比均值预期是一种更为理想的状态,以最小值为预期的出行者会更倾向于选择在修正成本上更具有优势的路径。在出行需求较小时,自由流出行时间较短的路径优势较大,因而以最小值为预期的出行者会更倾向于选择自由流出行时间较短的路径。而随着出行需求增加,自由流出行时间较短的路径优势逐渐减小,两种预期的出行者的选择也逐渐接近。

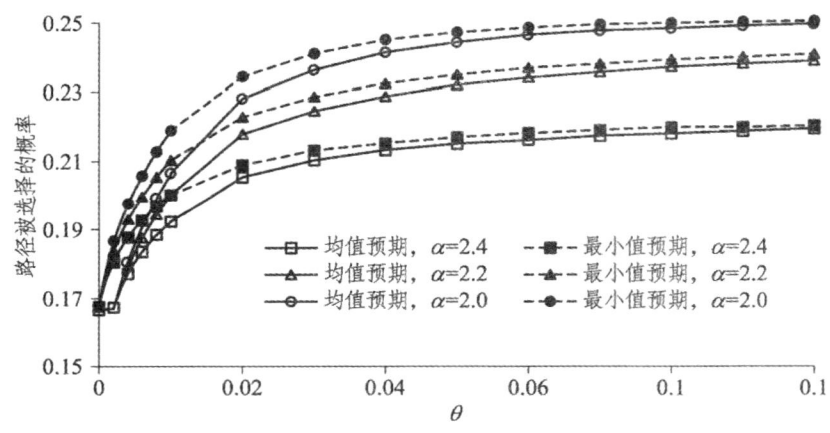

图 5.7 两种预期下路径 4 被选择的概率

最后在出行需求保持不变的情况下,综合考虑失望厌恶水平 β 和离差参数 θ 对路径选择行为的影响,再次验证模型的合理性。两种情景下失望厌恶水平 β 和离差参数 θ 变化时对路径 4 被选择的概率的影响分别见图 5.8 和图 5.9。由图 5.8 和图 5.9 可知,失望厌恶水平 β 和离差参数 θ 对路径选择行为的影响是同向的,随着失望厌恶水平 β (离差参数 θ)的增加,出行者能够更准确地选择修正成本较小的路径。然而,失望厌恶水平 β 和离差参数 θ 对路径选择概率的影响是不对称的,失望厌恶水平 β 的作用不能由离差参数 θ 代替,因而在模型中引入失望厌恶水平 β 能更充分地展现不同出行者的路径选择行为。

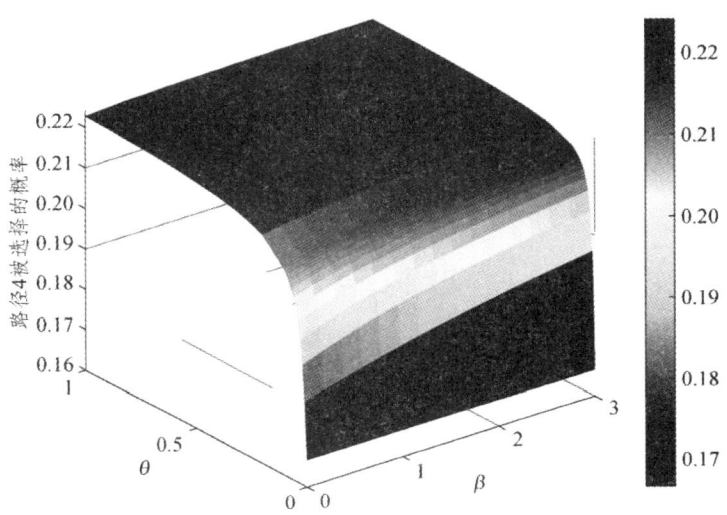

图 5.8 最小值预期下失望厌恶水平和离差参数对路径被选择概率的影响

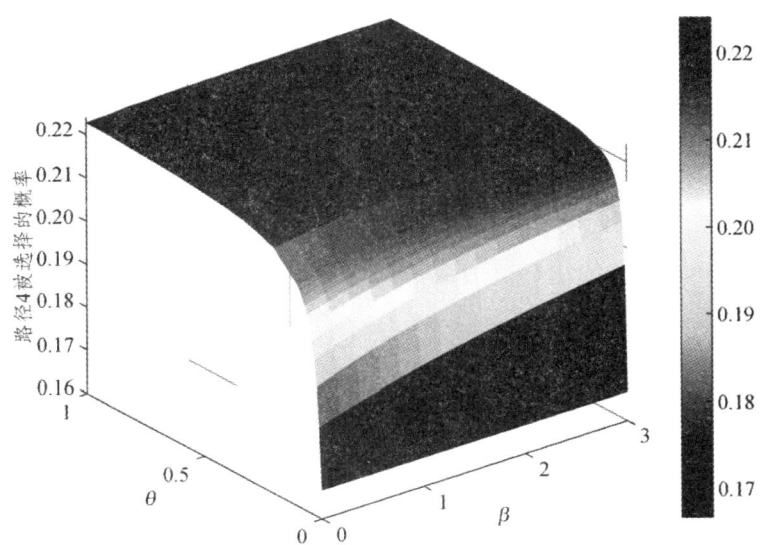

图 5.9 均值预期下失望厌恶水平和离差参数对路径被选择概率的影响

5.6 本章小结

基于失望理论，本章提出了一种 Logit 形式的随机用户均衡模型，用于测量出行者的失望厌恶水平，以更准确地描述其路径选择行为。在算例部分，考虑了不考虑拥挤效应的并行网络和考虑拥挤效应的网格网络，并对所构建的模型进行了验证。研究结果表明，失望厌恶水平对出行者路径选择行为产生了影响。此外，出行需求和出行者的预期也会对路径选择行为产生影响。本章将行为科学的失望理论应用到出行路径选择建模中，强调了出行者的失望心理因素对路径选择行为的重要影响，这对城市交通系统的分析具有重要的理论价值和实践意义。

在未来的研究中，还可以探讨管理政策和道路收费政策对基于失望理论的多用户类随机用户均衡结果的影响。为了验证异质用户的路径选择行为，可以进行更加实际的实验研究，需要特别注意构建真实可行的实验场景。这些进一步的研究将有助于深入理解失望理论对交通系统的影响，为城市交通规划和管理提供更为清晰的理论指导，并具有重要的实践意义。在未来的实践中，可考虑开展以下政策建议。

1）管理政策方面

针对失望理论对交通系统的影响，可以考虑实施差异化的管理政策，以引导不同类型的用户行为。例如，针对失望理论中提到的路径选择行为，可以在调查用户类型的基础上，设计不同的管理策略来满足多样化的用户需求。

2）收费政策方面

基于失望理论的多用户类随机用户均衡结果，应该重新评估并调整道路收费政策，以促进更有效的路径选择行为和资源配置。可能需要考虑差异化的收费标准，以反映不同用户群体对交通资源的使用和期望。

3）加强实验研究与场景构建

为了验证异质用户的路径选择行为，需要进行更加实际的实验研究，并特别关注构建真实可行的实验场景。政府部门可以投资于建设真实模拟环境，以便更准确地观察和分析用户行为。

4）不断强调学术与实践结合

为了更好地理解失望理论对交通系统的影响，政府与学界可以加强合作，推动相关研究成果的转化和落地，为城市交通规划和管理提供更为清晰的理论指导。

06
PART SIX

第 6 章

交通分配问题的总结与展望

第6章 交通分配问题的总结与展望

6.1 交通分配问题的研究结论

为了更好地了解现实生活中出行者的路径选择行为，本书开展了两个方面的研究：考虑共享出行的用户均衡模型研究和基于失望理论的路径选择行为研究。旨在深入探讨共享经济背景下出行者的路径选择行为和分析出行者的决策过程。通过建立考虑共享出行和失望理论的模型，可以更加准确地描述和预测现实生活中的路径选择行为，为城市交通规划和管理提供科学依据和决策支持。

本书的主要研究结论及创新点体现在以下几个方面。

1）提出一个基于路径的共享出行用户均衡交通分配模型

为了全面研究共享出行行为对交通分配问题的影响，提出了一个基于路径的共享出行用户均衡交通分配模型。该模型不仅要求出行者选择合适的从出发地到目的地的路径，而且还需从独驾、作为共享出行司机（共乘司机）驾驶、作为共享出行乘客（共乘乘客）乘车这3种出行模式中进行选择。这一选择过程旨在实现广义路径出行成本的最小化。

为了构建这个更加贴近现实的模型，引入了两个核心假设。首先，假设一个共乘乘客只会被一个共乘司机搭载，同时一个司机也只会搭载一个乘客。这个假设旨在模拟实际共享出行中的一对一配对模式，确保了模型的真实性。其次，假设参与共享出行活动的共乘司机和共乘乘客都可以获得额外的共享出行奖励，并且共乘乘客还能享受到共享出行成本的折扣。这一假设反映了共享出行平台为鼓励更多用户参与而提供的经济激励措施。

通过应用这两个假设，本书中构建的共享出行用户均衡模型更加符合实际情况。为了进一步验证模型的有效性和实用性，在Braess网络中进行了数值实验。通过对关键参数的分析，发现共享出行成本优惠和共享出行奖励均是有效鼓励出行者参与共享出行活动的措施。

这一发现对于城市规划者和政策制定者具有重要的指导意义，可以帮助他们制定更加合理和有效的交通政策和规划策略，以应对日益严重的交通拥堵和环境污染问题。

2）构建一个将拼车与公共交通融合的多模式路径选择模型

构建一个将拼车与公共交通融合的多模式路径选择模型，以研究拼车活动对交通分配问题的影响。在提出的模型中，出行者的决策过程更为复杂，他们不仅须选择行驶路线（包括主路和辅路），还须选择交通方式（包括独自驾驶、拼车驾驶、乘坐拼车和乘坐公共交通），旨在最小化广义出行成本——这并非实际出行成本，而是考虑汽车容量限制等因素的综合成本。

为了激励更多的出行者选择拼车或公共交通方式，模型中设定了一系列激励机制。拼车司机和乘客（包括拼车乘客和公共交通乘客）都可以获得额外的奖励，这种奖励机制有助于提升共享出行和公共交通的吸引力。此外，模型中还设定了共享出行汽车可以免费使用主干道，而独自驾车使用主干道则需缴费的规定。这种差异化的道路使用政策，旨在鼓励出行者选择更环保、更高效的出行方式。

在数值实例分析中，系统地探讨了关键参数对均衡结果的影响。这些参数包括但不限于奖励额度、道路使用费、汽车容量、公交车容量以及隐私成本等。通过调整这些参数，可以观察到出行者行为模式的变化以及交通拥堵状况的改善情况。数值结果表明，奖励和收费是有效的激励措施，可以引导出行者更多地选择绿色出行方式，从而减少交通拥堵。此外，还将进一步完善这一多模式路径选择模型，考虑更多实际因素，如出行者的时间价值、不同交通方式的舒适度等，以提高模型的准确性和实用性。同时，我们也期待与更多的研究机构和合作伙伴开展合作，共同推动拼车与公共交通融合领域的研究和发展，为城市交通的绿色发展贡献力量。

3）基于失望理论构建一个 Logit 形式的随机用户均衡模型

为了深入探究失望心理对出行者路径选择行为的影响，基于失望理论构建了一个 Logit 形式的随机用户均衡模型。该模型不仅考虑了交通网络的物理结构，还融入了出行者的心理因素。通过引入失望因子，模型能够更真实地反映出行者在面对不同路径选择时的决策过程。为了验证模型的合理性和算法的可行性，首先将模型转化为等价的变分不等式问题，并使用相继平均法进行求解。这一算法在求解过程中能够逐步逼近均衡状态，确保解的准确性和稳定性。其次，为了进一步验证模型的实用性和算法的可靠性，分别在并行网络和网格网络上进行算例分析。结果表明，失望心理确实会对出行者的路径选择行为产生影响。具体表现在以下 3 点。

① 随着失望厌恶水平增加，均衡状态下选择最短路径（即自由流出行时间最短的路径）的出行者越来越多，这表明出行者对路径出行成本的预期和失望感知在路径选择过程中起到了重要作用。

② 相较于以 OD 对间自由流出行时间均值为预期的出行者，以 OD 对间自由流出行时间最小值为预期的出行者更倾向于选择自由流出行时间较短的路径，这进一步验证了失望理论在路径选择行为中的应用价值。

③ 随着出行需求的增加，越来越多的出行者转移到容量较大的路径上，不同预期的出行者路径选择行为差异越来越小，这说明在高出行需求下，出行者的心理预期对路径选择行为的影响逐渐减弱。

6.2 交通分配问题的不足及展望

本书研究了考虑共享出行的路径选择行为，构建了一个更符合现实出行决策的用户均衡模型。本书还研究了不确定条件下出行者的路径选择行为。针对考虑失望心理的交通分配问题进行了研究，得到了一些有价值的研究结论。

在取得上述一系列的研究成果后，对所采用的研究方法进行了深入的反思，以期在未来的研究中进一步提高模型的准确性和可靠性。首先，尽管本书中构建的用户均衡模型已经较好地模拟了现实中的出行决策过程，但仍存在一些局限性。例如，模型可能未能充分考虑到个体出行者的差异性，如出行习惯、出行偏好等因素。此外，随着共享出行市场的快速发展和技术的不断进步，出行环境正变得越来越复杂多变。因此，此模型需要不断地更新和优化，以适应这些变化。

其次，在不确定条件下的路径选择行为研究中，引入了失望心理等心理因素，这是一个重要的尝试。然而，心理因素对路径选择的影响是复杂而多样的，除了失望心理外，还可能包括焦虑、期待等多种情绪。此外，社会因素，如文化、政策等也可能对出行者的路径选择产生影响。因此，在未来的研究中，需要更全面地考虑这些因素，以更准确地刻画出行者的路径选择行为。

展望未来，共享出行和不确定条件下的路径选择行为研究将呈现出更加多元化、深入化和跨学科的发展趋势。目前，在本书中，值得进一步研究内容还有以下 5 点。

1）深入探索共享机制下的用户均衡模型：属性差异的关键角色

在考虑共享机制的用户均衡模型中，引入出行者的属性差异不仅仅是模型的优化，更是对现实世界的精准反映。

属性差异，如年龄、性别、职业、收入等，这些看似简单的个人特征实际上在很大程度上塑造了个体的出行偏好和行为。在共享出行领域，这些差异尤为显著，因为它们直接关系到用户对于共享服务的需求、接受度以及期望。例如，年轻人可能更倾向于尝试和创新，因此他们可能更频繁地使用共享单车或共享汽车；而年长者可能更注重稳定和传统，因此他们可能更倾向于以出租车或公共交通作为出行工具。此外，职业和收入也会影响出行选择，如商务人士可能更看重出行的高效性和舒适度，而学生或低收入群体可能更注重出行成本。将这些属性差异纳入用户均衡模型中，不仅能使模型更加贴近现实，还能为我们提供更深入的洞察结论。例如，我们可以更准确地预测不同用户群体在特定时间和地点的出行需求，从而优化共享服务的供给和分配。此外，这也有助于我们理解为什么某些共享服务在某些地区或人群中更受欢迎，以及如何改进和优化服务以满足更多用户的需求。

总之，在共享机制的用户均衡模型中考虑出行者的属性差异，不仅是对现实世界的精准反映，也是提高模型预测力和优化共享服务的关键所在。

2）开展问卷调查对研究共享经济的实用性与重要性

近年来，共享经济已经迅速渗透到我们的日常生活中，成为了互联网时代的显著标志。作为一种新型的经济模式，共享经济不仅改变了传统的资源配置方式，还极大地影响了人们的出行决策行为。共享汽车、共享单车、共享充电桩等模式的出现，为消费者提供了更加灵活、便捷且成本效益高的出行选择。这种变化不仅反映了现代人对高效、环保生活方式的追求，也体现了互联网技术在推动社会进步中的巨大作用。通过智能手机应用、大数据分析和物联网技术，共享经济平台能够实时匹配供需双方，优化资源配置，减少资源浪费。

然而，共享经济的兴起也带来了一系列挑战和问题。例如，如何确保服务质量、保障用户安全、处理争议和投诉等。这些问题直接关系到用户的使用体验和信任度，进而影响他们对共享出行的态度和选择。为了更全面地了解大众对共享出行的看法和需求，进行问卷调查显得尤为重要。通过问卷调查，我们可以收集到大量真实、客观的数据，分析用户对共享出行的满意度、使用频率、偏好以及改进建议等。这些信息对于优化共享出行服务、提升用户体验和推动行业健康发展具有重要的指导意义。

再者，问卷调查还能帮助我们识别出共享出行中亟待改善的问题和痛点。例如，用户可能反映某些地区的共享单车投放不足，车辆维护不到位，骑行安全等问题。通过分析和解决这些问题，我们可以提高共享出行的服务质量，提升用户的信任度和满意度。

综上所述，共享经济在日常生活中的崛起对出行决策产生了深远影响。通过问卷调查了解大众对共享出行的态度和需求，不仅可以优化服务质量和提升用户体验，还能为行业的可持续发展提供有力支持。

3) 收集实验数据在路径选择行为研究中的重要性

路径选择行为是交通出行领域的一个核心议题，涉及到出行者的心理、经济、社会等多个维度。当前，尽管有大量的实证研究关注于这一领域，但其中很多研究都面临着数据收集的挑战。有的研究由于缺乏恰当的实验数据，其结论可能不够准确或具有局限性；而有的研究则可能仅从一两个维度出发，忽略了其他重要因素的影响。

特别是当我们考虑更加复杂的情境，如结合失望心理和共享机制的路径选择模型时，数据的收集与处理变得尤为重要。为了准确估计模型中的参数，我们需要精心设计的实验场景，并收集这些场景中的路径选择数据。这不仅可以为模型的验证提供有力的支持，还可以帮助我们更深入地理解出行者的决策过程和行为模式。在设计实验场景时，我们需要考虑多种因素，如交通网络的结构、出行者的属性、交通状况的动态变化等。同时，我们还需要确保实验场景尽可能接近现实，以便收集到的数据具有实际应用价值。

数据的收集也需要采用科学的方法。我们可以通过问卷调查、实地观测、模拟实验等方式来收集数据。在收集过程中，我们还需要注意数据的质量、完整性和代表性，以确保分析结果的准确性。

总之，为了验证考虑失望心理和共享机制的路径选择模型的有效性，设计并收集实验场景中的路径选择数据是非常有意义的。这不仅可以帮助我们克服当前研究中的数据挑战，还可以推动路径选择行为研究向更加深入和全面的方向发展。

4) 多种交通模式混合的交通分配模型的重要性

在现实世界中，人们的出行选择远不止于乘坐公共交通工具或驾驶私家车。步行、骑自行车、驾驶摩托车或电动车等多种交通方式都是用户日常出行的重要组成部分。这些交通方式各有优缺点,适用于不同的出行场景和需求。例如,短途出行时,步行和骑自行车可能是更环保、健康的选择;而在长途出行或需要快速到达目的地的情况下,驾驶私家车或乘坐公共交通工具可能更为合适。

因此,研究多种交通模式混合的交通分配模型具有极高的现实意义。这样的模型不仅能够更全面地反映现实世界中用户的出行选择,还能为交通规划和管理提供更为准确和科学的依据。例如,通过模型分析,我们可以了解各种交通方式在不同时间、不同地点的需求和供应情况,从而优化交通网络布局,提高交通运行效率,减少交通拥堵和环境污染。此外,多种交通模式混合的交通分配模型还能为协调发展多种交通方式提供理论基础。通过模型模拟和预测,我们可以评估各种交通方式的优缺点和发展潜力,为政策制定者提供决策支持,推动交通系统的绿色、智能和可持续发展。

总之,多种交通模式混合的交通分配模型研究是交通领域的重要课题,对于提高交通系统运行效率、促进交通方式协调发展、推动交通可持续发展具有重要意义。

5)动态了解交通网络对提升城市出行质量的重要性

随着生活水平的逐步提高,人们对城市出行的要求已经不仅仅是简单地到达目的地,更多的是对出行质量和体验的追求。在繁忙的城市交通中,如何快速、安全、舒适地到达目的地成为了出行者关注的焦点。

与此同时,通信技术与计算机技术的快速发展为动态了解交通网络提供了可能。通过这些先进的技术手段,我们可以实时获取交通网络的运行状态,了解各路段的拥堵情况、交通事故等信息,从而更加准确地评估出行成本和时间。这对于提高出行质量尤为重要。特别是当我们考虑到出行者的心理因素时,动态了解交通网络的重要性更加突显。失望心理是出行者在路径选择和出发时刻决策中不可忽视的因素。当出行者面临拥堵、延误等情况时，他们的失望情绪可能会增加，从而影响他们的出行决策。因此，分析动态地考虑失望心理的出发时刻和路径选择对于提高出行质量具有重要意义。

进一步的研究可以在以下几个方面展开：首先，我们可以深入研究动态交通信息的获取和处理技术，提高交通网络运行状态的实时性和准确性；其次，我们可以探讨如何将失望心理等心理因素量化并纳入路径选择和出发时刻的决策模型中；再次，我们可以结合实际应用场景，验证和完善相关模型，为出行者提供更加智能、个性化的出行建议和服务。总之，随着生活水平的提高和技术的快速发展，动态了解交通网络对于提高城市出行质量具有重要意义。通过深入研究和分析动态地考虑失望心理的出发时刻和路径选择，我们可以为出行者提供更加高效、便捷、舒适的出行体验。

总之，本书在共享出行和不确定条件下的路径选择行为研究方面取得了重要的成果。通过对研究方法的反思和展望，我们为未来的研究提供了新的视角和启示。我们坚信，通过不断地努力和创新，将能够更好地理解和应对出行者在现实出行环境中的选择行为。

6.3 政策梳理与事实总结

6.3.1 政策分析

交通政策会使出行者的经济压力、出行成本、出行体验等发生变化，同时能在一定程度上缓解交通拥堵，从而对出行者心理产生一定的影响。交通政策的调整，如降低公共交通票价、提供交通补贴等，会直接影响出行者的出行成本，使得出行者更加倾向于选择公共交通，从而减少私家车的使用，有助于缓解交通拥堵和减少环境污染。此外，政府通过改善交通基础设施、提升交通服务质量等，可以显著提升出行者的出行体验。这种提升减少了出行者的出行焦虑和压力，使其更愿意选择公共交通或更加便捷的出行方式。同时，交通政策的制定和实施往往旨在缓解交通拥堵。当交通拥堵得到缓解时，出行者的出行时间缩短，出行效率提高，因交通拥堵而产生的负面情绪也会相应减少。

因此，政府应该密切关注出行者的反馈意见，随出行者的心理变化和需求变化不断调整和优化交通政策，以满足出行者需求，提高出行者的满意度和幸福感。

1. 国家政策环境分析

近年来，随着城市化进程的加速和人口的不断增长，我国政府高度重视城市交通问题，尤其是北京等超大城市的交通拥堵和环境污染问题。为此，国家出台了一系列与交通相关的政策措施，旨在优化城市交通结构、提升交通效率、减少交通污染。这些政策不仅关注交通基础设施的建设和升级，还注重通过科技手段、经济激励和法律法规等手段引导市民选择更加环保、高效的出行方式，既直接影响了交通出行的物理环境，也间接影响了出行者的心理和行为。

2019年9月，中共中央、国务院印发了《交通强国建设纲要》，提出到2020年，完成决胜全面建成小康社会交通建设任务和"十三五"现代综合交通运输体系发展规划各项任务，为交通强国的建设奠定坚实基础。从2021年到本世纪中叶，分两个阶段推进交通强国建设。到2035年，基本建成交通强国。纲要明确了交通强国建设总目标——"人民满意、保障有力、世界前列"。"人民满意"是交通强国建设的根本宗旨，强调坚持以人民为中心的发展思想，建设人民满意交通。"保障有力"是交通强国建设的基本定位，强调为国家重大战略实施、现代化经济体系构建和社会主义现代化强国建设提供有力支撑。"世界前列"是交通强国建设的必然要求，强调全面实现交通现代化，交通综合实力和国际竞争力位于前列。"人民满意、保障有力、世界前列"三者相辅相成，缺一不可，共同构成了交通强国建设的总目标。纲要提出要基本形成"全国 123 出行交通圈",力争实现都市区 1 小时通勤,城市群 2 小时通达,全国主要城市 3 小时覆盖,强调建设现代化高质量综合立体交通网络,构建便捷顺畅的城市(群)交通网,推进出行服务快速化、便捷化,纲要强调要建设城市群一体化交通网,推进干线铁路、城际铁路、市域(郊)铁路、城市轨道交通融合发展,完善城市群快速公路网络,加强公路与城市道路衔接,完善快速路、主次干路、支路级配和结构合理的城市道路网,提高城市间的互联互通水平。同时,要完善无障碍设施,提升步行、自行车等出行品质。全面提升城市交通基础设施智能化水平。此外,纲要要求优先发展城市公共交通,鼓励引导绿色公交出行,合理引导个体机动化出行,缓解城市交通拥堵问题,提升城市交通运行效率。

2020 年 12 月,国务院新闻办公室发布《中国交通的可持续发展》白皮书,强调要打造高品质的快速交通网,到 2035 年,现代化综合交通体系基本形成,基本形成都市区 1 小时通勤、城市群 2 小时通达、全国主要城市 3 小时覆盖的"全国 123 出行交通圈"。同时提出要推动智慧交通建设,利用大数据、云计算、人工智能等技术提升城市交通管理的智能化水平,优化交通流量,提高城市交通出行的安全性和效率。此外,白皮书中还提到要加强道路交通安全设施建设和交通管理设施建设,提升交通出行的安全性;鼓励绿色出行,完善道路空间分配,充分保障绿色交通出行需求,全面推进节能减排和低碳发展,努力建设低碳交通,走出能耗排放减少、经济发展增加的新路子。同时,白皮书中提出,公共交通发展是城市交通发展的首要任务,要求持续优先发展城市公共交通,以满足不同群体的交通运输需求。在无障碍交通方面,提出要持续加强交通基础设施的无障碍环境建设与改造,根据《关于进一步加强和改善老年人残疾人出行服务的实施意见》,打造"覆盖全面、无缝衔接、安全舒适"的无障碍交通出行环境。总体而言,白皮书以人民满意为根本评判标准,深化供给侧结构性改革,推动交通运输高质量发展,不断提升人民的获得感、幸福感、安全感。

此外,"十四五"规划提出要加快建设交通强国,构建现代化综合交通运输体系,强调要建设安全、便捷、高效、绿色、经济的现代化综合交通运输体系,提升交通运输服务品质和效率。同时推动交通绿色发展,鼓励公共交通、步行、自行车等绿色出行方式,减少私家车使用,降低交通排放。推动交通信息化、智能化发展,建设智慧交通系统,发展自动驾驶和车路协同的出行服务,推广公路智能管理、公交优先通行控制等,提高交通管理和服务水平。推进城市群都市圈交通一体化,加快城际铁路、市域(郊)铁路建设,构建高速公路环线系统,有序推进城市轨道交通发展,新增城市轨道交通运营里程 3 000 公里。

政府工作报告中也多次涉及交通基础设施建设、交通拥堵治理及交通安全保障方面的论述,强调要加强交通基础设施建设,提升交通网络的覆盖度和通达性;提出要通过限行、限购等措施,缓解城市交通拥堵问题;强调要加强交通安全管理和监督,保障人民生命财产安全。

这些政策体现了国家对交通运输事业发展的高度重视和全面规划,有助于提升我国交通运输的整体水平,为经济社会发展提供有力支撑,同时也为交通管理部门和企业提供了明确的发展方向和指导,有助于推动我国交通运输事业的持续健康发展。本书详细梳理了国家层面的政策,详见附表 1。

2. 北京市政策环境分析

近年来,北京市政府工作报告多次提出要推动交通综合治理,提高绿色出行比例,建设慢行系统,完善地面公交服务,优化公交线路,优化站点布局,优化路网,提升市郊铁路运营,加强多网融合;实施疏堵工程,治理道路堵点,加强重点区域交通治理;整治自行车道,优化共享单车管理,推广共享单车电子围栏;加大交通违法处罚;建设交通决策平台;推进充电基础设施建设;完善大型交通枢纽功能;推进停车楼建设,新增停车位，推进停车位共享，建立停车设施数据库，完善智慧停车场等。

北京市"十四五"规划也明确了未来 5 年城市发展的总体方向和重点任务。在交通领域，规划强调了构建以轨道交通为骨干、地面公交为支撑、多种出行方式为补充的综合交通体系，构建系统完备、高效实用、智能绿色、安全可靠的现代化城市基础设施体系，推进轨道交通和地面公交协调发展的公共交通体系建设，织密城市路网，推进平谷线等线路建设，建成丰台站、霍营站（黄土店站）等大型交通枢纽。实施市郊铁路建设行动计划，整体提升城市副中心线、东北环线、通密线，推进 S2 线南段通勤化改造，建设京门—门大线。规划还提出要深入落实城市总体规划，加强轨道交通与周边用地及城市功能一体规划，建设中心城和平原新城"半小时轨道交通圈"，提供智慧高效交通服务，这一规划不仅关注交通基础设施的建设和完善，还注重交通出行方式的多样性和互补性，以满足不同出行者的需求。

此外，2022 年北京市人民政府发布"十四五"时期交通发展建设规划，明确了北京市"十四五"时期交通发展建设的总体要求、具体指标和主要任务。其中，主要发展目标包括：发展轨道交通，到 2025 年，轨道交通（含市郊铁路）总里程力争达到约 1 600 公里，实现全域快速轨道网构建，提升城市轨道交通与市郊铁路融合度，实现"一套体系、一网运营、一票通行、一站安检"；优化地面公交，推动地面公交与轨道交通融合，持续优化地面公交线网，减少长、大线及其与轨道重复线路，增加接驳微循环线路。到 2025 年，地面公交干线准点率达 85%；提升绿色出行比例，力争"十四五"末中心城区绿色出行比例达到 76.5%，进一步缩小与城市总体规划 2035 年目标（80%）之间的差距；建设智慧交通，推动"标准统一、设施统建、数据统合"3 个统筹，建设智慧交通"基础设施、数据云脑、应用场景"三大体系。到 2025 年，智慧道路总里程超过 300 公里。为实现上述目标，该规划确定了加快轨道交通"四网融合"、推动地面公交与轨道交通融合、建设步行和自行车友好城市、加大道路设施补短板力度、构建科学合理的静态交通体系、精细化调控交通需求、推进交通运输治理体系和治理能力现代化等重点任务。

《2024 年北京市交通综合治理行动计划》，从"便捷、顺畅、绿色、智慧、安全"5 个维度出发，安排了 26 个方面、200 项具体任务。在便捷性方面，提出通过优化轨道交通和地面公交的衔接，缩短换乘距离，提高出行效率；在顺畅性方面，提出要加强交通拥堵治理，优化道路级配，提高道路通行能力；在绿色性方面，提出推广绿色出行方式，提高绿色出行比例，减少交通排放；在智慧性方面，提出利用科技手段提高交通管理和服务水平，如智能交通信号系统、电子围栏管理等；在安全性方面，要求加强交通安全管理和执法力度，保障出行者的人身安全。该计划旨在构建结构合理、衔接顺畅、便捷有序的综合交通体系，提高公共交通便捷性，提升市民出行品质。这些措施的实施，将直接影响出行者的交通选择和心理预期。

上述政策的实施，对北京市交通出行产生了显著影响。一方面，交通基础设施的完善和优化提高了出行的便捷性和效率；另一方面，绿色出行方式的推广和区域交通一体化的建设促进了交通方式的多样化和互补性。这些变化使得出行者能够根据自己的需求和偏好选择合适的出行方式，提高了出行的灵活性和满意度。同时，政策的实施也对出行者的心理产生了积极影响。交通拥堵的缓解和出行效率的提高减少了出行者的等待时间和焦虑情绪；同时，绿色出行方式的推广和区域交通一体化的建设增强了出行者对城市交通系统的信任和提升了满意度。这些变化使得出行者更加愿意选择公共交通和绿色出行方式，形成了良好的出行习惯和文化氛围。本书详细梳理了北京市层面的政策，详见附表 2。

3. 国际政策环境分析

在全球化的背景下，各国政府越来越关注交通出行行为及其对社会经济、环境保护和居民生活质量的影响。

日本高度重视无障碍出租车发展，发布了《为了出行等顺畅化而规定必要的旅客设施或车辆等的构造及设备的标准》，对无障碍出租车设施配置提出了要求。此外，东京都政府 2000 年出台了《交通需求管理东京行动计划》，核心思想是限制小汽车出行，减少汽车的使用次数和频率，促使大众转换出行方式，恢复现有道路的容量和交通承载能力。同时，2020 年修订的《交通无障碍法》，明确了公交系统重视无障碍规则遵守、营造好的"软件"的义务，以及通过学校教育合作，促进"心理层面无障碍"的落实。

2018 年《伦敦市长交通战略》（Mayor's Transport Strategy）提出，要进一步限制小汽车使用，到 2041 年，实现步行、自行车和公共交通出行比例达到 80%的目标。2018/19 年度，伦敦交通局为实现市长塑造"健康街道和市民"的重要发展战略，推出了步行行动计划、自行车行动计划以及超低排放区等多重举措，鼓励民众减少开车、绿色出行、加强锻炼、提高身体素质。

综上，在国际政策环境中，各国政府正在积极推动交通出行行为的研究和管理。这些政策不仅有助于提高出行者的满意度和环保意识，还促进了交通系统的可持续发展。对于北京市来说，可以借鉴国际经验，结合本地实际情况，关注出行者心理因素，制定更加科学合理的交通政策，引导市民选择更加绿色、便捷和高效的出行方式。

6.3.2 事实分析

1. 北京市交通出行方式

北京市的交通出行方式多样,既有传统的公共交通和私家车,也有新兴的共享单车、网约车等,出行选择灵活,如图 6.1 所示[①],在所有出行方式中,除步行以外,出行者选择最多的是小汽车出行,其次为地铁出行。随着北京市地铁交通系统建设的不断完善,地铁出行已经取代小汽车出行成为北京市居民出行首选。

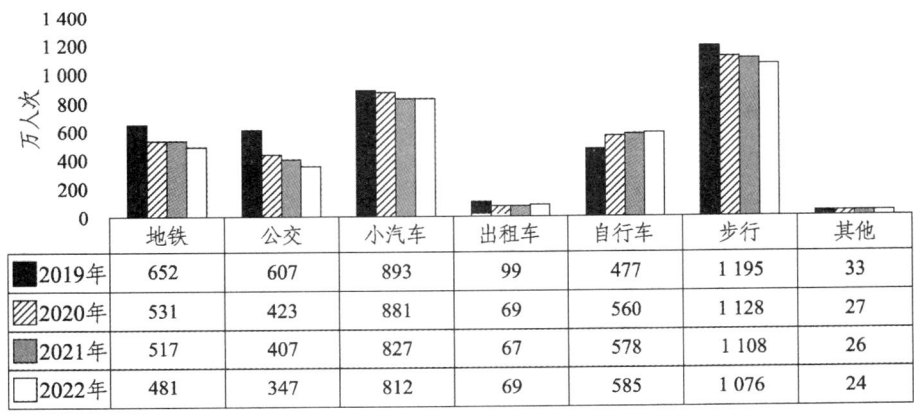

图 6.1 2019—2022 年中心城区工作日不同交通出行方式出行量变化

	地铁	公交	小汽车	出租车	自行车	步行	其他
2019年	652	607	893	99	477	1 195	33
2020年	531	423	881	69	560	1 128	27
2021年	517	407	827	67	578	1 108	26
2022年	481	347	812	69	585	1 076	24

"十四五"规划和政府工作报告均强调了交通基础设施的重要性。北京的公共交通系统非常发达,地铁和公交网络四通八达,是北京市民出行的主要方式,如表 6.1 和表 6.2 所示,地铁线路覆盖面广,连接城市各大区域,公交系统则更加灵活,覆盖到城市的每一个角落,这不仅为市民提供了更多的出行选择,也提高了出行的便捷性和效率。

---

① 本节数据均来自北京市交通发展研究院。

表 6.1　2019—2022 年地铁线网指标

指标	2019 年	2020 年	2021 年	2022 年
运营线路条数/条	23	24	27	27
运营线路长度/公里	699	727	783	797
车站数/个	405	428	459	470
运营车辆/辆	6 475	6 736	7 110	7 274

表 6.2　2019—2022 年城区公共汽（电）车指标

指标	2019 年	2020 年	2021 年	2022 年
线路条数/条	1 158	1 207	1 217	1 291
线路长度/公里	27 632	28 418	28 580	30 174
运营车辆/辆	23 010	23 948	23 079	23 465
公交专用道/公里	952	1 005	1 005	1 005

同时，近年来，北京市倡导"慢行优先"的理念，加大了对慢行系统的投入，步行和自行车等出行方式逐渐受到重视，尤其是共享单车和电动自行车的普及，使得这种出行方式更加便捷，通过建设自行车专用道、优化道路设施，提升了步行和自行车出行的体验。在北京，慢行交通已成为当地市民通勤、休闲、亲子游玩的重要方式。如图 6.2 所示，2022 年，北京中心城区慢行（步行、自行车）出行比例已达 49%，创近 10 年新高。如图 6.3 所示，2023 年，随着公交、轨道、慢行系统等进一步完善，出行结构不断优化，中心城区绿色出行比例增至 74.7%。

第6章 交通分配问题的总结与展望

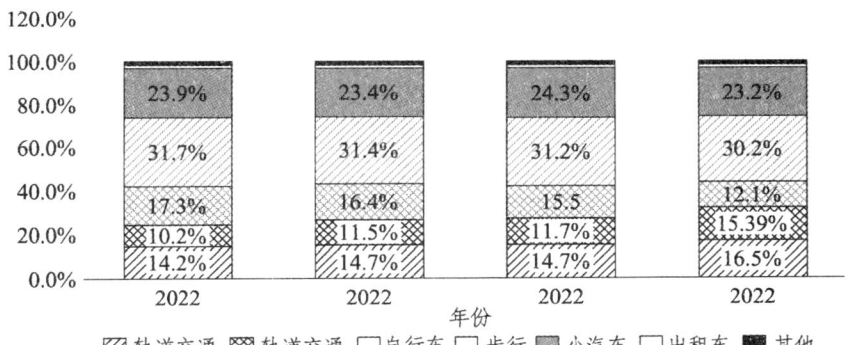

图 6.2 2019—2022 年中心城区不同出行方式构成

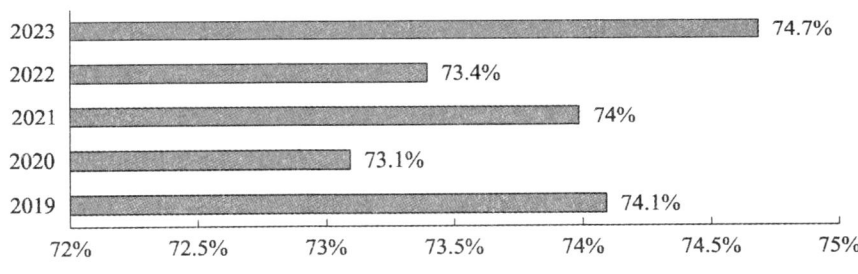

图 6.3 2019—2023 年中心城区绿色出行比例

随着科技的进步,智能交通系统已成为提升交通管理和服务水平的重要手段。北京市政府积极推动智能交通系统的建设,包括交通监控系统、实时路况信息系统等。这些系统的建设为市民提供了更加准确、及时的交通信息,帮助市民更好地规划出行路线和时间,减少了因交通拥堵而带来的不便。《2023 北京市交通发展年度报告》指出,2022 年,市公安交管局持续推进 90 条主干道路信号灯绿波带调优,整体路网通行效率提升 4.7%。同时探索自动驾驶环境下的智能信控应用使得示范道路全天车均延误下降 10.4%,停车次数下降 20.8%。北京市交通委员会组织持续抓好"一码通乘"服务,平台累计注册用户 1 600 余万人,日均刷码 400 万人次。此外，2022 年，北京市深入推进道路停车改革，累计 1 046 条道路、9.2 万个车位实行电子收费。推广新增有偿错时共享车位 8 000 余个。推进智慧停车建设，加快动态数据汇集，接入停车位动静态数据 80.8 万个。

通过"十四五"规划和政府工作报告等关键政策文件的制定和实施，北京市的交通网络得到了进一步完善，绿色出行比例不断提高，智能交通系统得到了建设。这些政策的实施不仅提高了交通出行的便捷性和效率，也提升了市民的环保意识和信任度。

2. 北京市出行者出行特征

1）工作日与非工作日出行特征

由表 6.3 可知，北京市出行者的工作日日均出行次数呈现出一定的波动性，但总体趋势略有下降。与工作日相比，非工作日的日均出行次数也呈现出类似的波动性。这可能与城市交通拥堵、公共交通发展、居民出行习惯改变等多种因素有关。因此北京市在交通规划和管理中，需要更加关注车辆出行需求的变化，制定合理的交通政策和措施，以缓解城市交通拥堵问题，提高城市交通运行效率。

表6.3　2019—2022 年机动车出行次数

单位：次/(日·车)

	工作日				非工作日			
	2019	2020	2021	2022	2019	2020	2021	2022
日均出行次数	3.36	3.05	3.16	3.14	3.28	2.99	3.08	3.08

在出行时间方面，根据北京交通发展研究院发布的《北京市交通发展年度报告》可知，30%～40%的私人小汽车工作日出行时间主要集中在早高峰（7:00—9:00）及晚高峰（17:00—19:00）时段。这反映了出行者对

于准时到达工作地点和回家的强烈需求。这种需求可能源于对工作的责任感、对迟到或早退的恐惧，以及避免交通拥堵带来的额外心理压力。

公共交通出行方面，根据"2019年北京市居民公共交通出行特征分析"可知，北京一个普通工作日，每天约有610万人选择公共交通出行。其中，一半人仅乘坐公交；仅乘坐地铁的有182万人，占30%；公交和地铁都乘坐的有125万人，占20%左右。而周末每天选择公共交通出行的人数约440万人，仅占工作日的72%。此外，工作日每分钟的上车人数峰值点能达到平峰时段的4至5倍，而周末峰值只有平峰的1.5至2倍。同时，相比于工作日，周末的短时耗出行比例更高，单次出行时耗一般在30 min内，这可能与出行者希望在周末放松、享受生活的心理需求有关；与此相对应，工作日高峰时段的长时耗出行则明显多于平峰时段和周末。

2）不同群体出行特征

北京交通发展研究院发现，老年人比持普通卡的乘客出行更频繁，持有养老助残卡的活跃用户平均每天出行2.7次，稍高于持普通卡乘客（以下简称"普通乘客"，2.3次），表明他们更倾向于通过出行来满足自己的生活需求和社交活动。此外，早上普通乘客的出行高峰是7时至9时，老年人出行高峰是8时至11时；下午普通乘客出行高峰是17时至21时，而老年人出行高峰是14时至17时。由前述数据可知，普通乘客工作日和非工作日的出行特征有很大差别，而老年人周末的出行特征和工作日几乎没有差别，这种一致性也反映了老年人对交通出行稳定性和规律性的追求。

北京市城市规划设计研究院与百度地图慧眼联合课题组根据不同年龄段全日非通勤出行时间分布对比发现，夜生活阶段，越年轻的"上班族"晚上活动越活跃，而随着"上班族"年龄的增加，日间平峰的活动比例逐渐增加，相较而言，45~54岁群体整体的非通勤活动强度相对较低。

由以上事实可知，出行者的心理因素如社交需求、放松需求等，是推动他们进行交通出行的重要动力。因此通过深入了解不同群体的心理需求，北京市可以更好地规划和优化交通系统，提高出行效率和满意度。同时，也可以针对不同群体的出行特征，提供更加个性化、差异化的交通服务，以满足不同出行者的需求。

3）出行目的

北京交通发展研究院根据 2022 年居民出行入户样本抽样调查分析发现，中心城区通勤类出行占出行总量比例为 61.5%，生活类占出行总量比例为 38.5%，其中购物及休闲娱乐健身在生活类出行中占比较高，如图 6.4 所示。不同出行目的下，出行者的心理因素可能存在一定差异，进而导致出行行为存在差别。通勤类出行者重视时间和效率，倾向于提前规划出行时间和路线，选择快速、便捷的交通方式以节省时间和精力，避免延误和不便。生活类出行者可能更愿意选择舒适、自由的出行方式，以享受生活的乐趣和体验。通过深入了解不同出行目的背后的心理需求和动机，北京市政府可以更好地理解出行者的行为模式和决策过程，从而为交通规划和管理提供更加精准和有效的建议以提升出行者的满意度和幸福感。

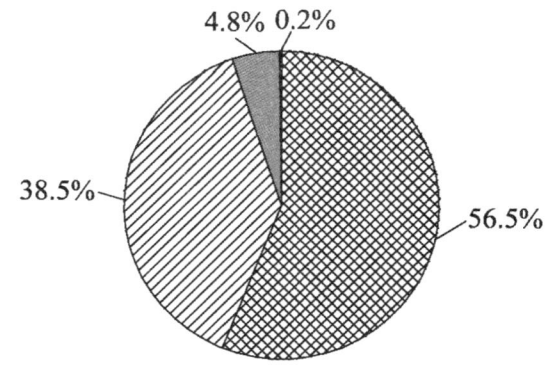

图 6.4　2022 年居民在中心城区的出行目的构成

3. 北京市交通问题

1）拥堵问题

北京市交通拥堵问题一直较为突出，尤其是在早晚高峰时段，主要道路和交通节点常常出现严重的拥堵现象，影响了市民的出行效率和体验。如图 6.5 和表 6.4 所示。一方面，一些人对交通拥堵表示无奈，认为随着城市人口的不断增加，交通压力随之加大，拥堵似乎已经成为了生活的一部分；另一方面，也有不少人对这种状况感到愤慨，认为政府在城市交通管理方面的对策不足，未能有效缓解日益严重的交通拥堵。公众的出行习惯与心理亟待转变。如何引导市民提高对公共交通的依赖，减少对私家车的依赖，是一个需要积极探索的课题。

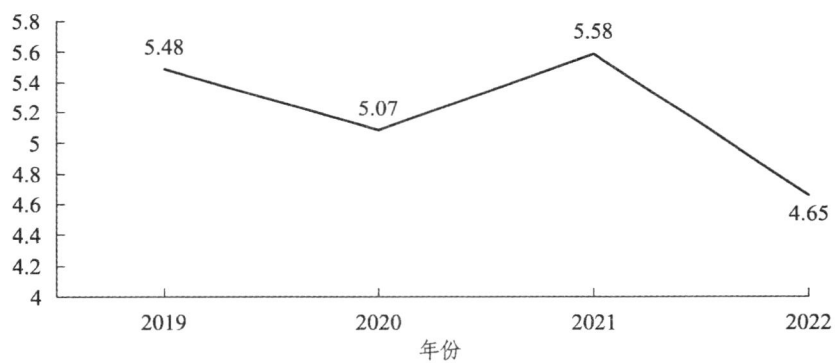

图 6.5 2019—2022 年中心城区高峰时段道路交通指数

表 6.4 2019—2022 年拥堵持续时间统计

全年	畅通	基本畅通	轻度拥堵	中度拥堵	严重拥堵
2019 年	9 h 40 min	8 h 10 min	3 h 10 min	2 h 40 min	20 min
2020 年	12 h 50min	6 h 5 min	2 h 10 min	2 h 25 min	30 min
2021 年	9 h 55min	7 h 45 min	2 h 40 min	3 h 5 min	35 min
2022 年	11 h 45min	7 h 55 min	2 h	2 h 5 min	15 min

2）环境污染问题

机动车排放是大气污染的主要来源之一，原北京市环境保护局 2018 年对城市细颗粒物来源组分的解析研究中发现，本地排放源占 2/3，且其中移动源占比最高，达 45%。而根据研究，污染主要来自移动源中的柴油车和汽油车，因此私家车数量的增加在一定程度上加剧了北京市的环境污染。尽管 2022 年市区交通大气污染物年均浓度与上年相比有所缓解，如图 6.6 所示。但这并不能完全抵消私家车数量增加带来的负面影响，整体上环境污染的趋势仍然不容忽视，北京市需要采取更加全面和有效的措施来减少私家车数量、改善交通状况、降低尾气排放，从而进一步改善北京市的环境质量。

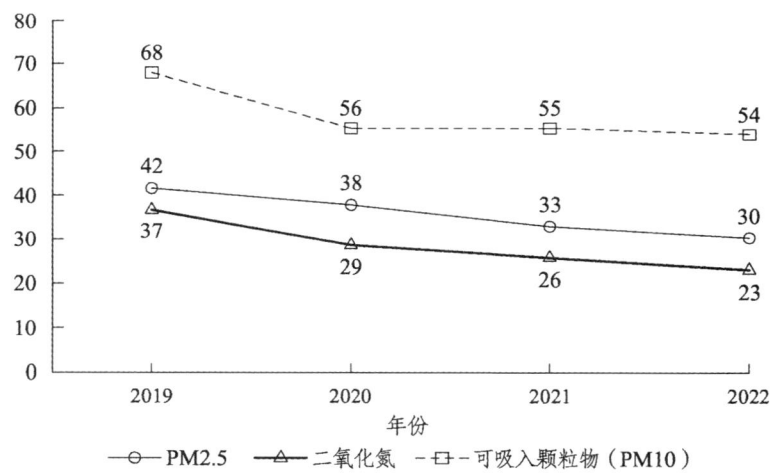

图 6.6 2019—2022 年机动车排放相关的大气污染指数变化情况

6.4 具体案例分析

下面将通过 2 个聚焦于北京市的实例，深入剖析出行者的心理因素如何微妙地影响他们对出行方式的选择，以及这些心理因素如何进一步作用于他们的出行频率和时间的安排。

6.4.1 轨道线路调整后考虑习惯影响的居民出行方式变化

1. 问题背景

为了有效缓解北京北部地区日益增长的轨道交通供需矛盾,特别是针对西二旗与回龙观这两个大型居住和通勤枢纽之间的交通瓶颈问题,城市规划部门提出了一个创新性的解决方案:将现有的 13 号线在这一区域拆分为 A、B 两条独立运营的线路,形成一个高效的"X"形交叉线路网络。这一决策旨在通过增加线路覆盖范围和运能,来更好地服务于北侧高密度居住区与西侧繁荣产业园区之间的通勤需求。

13 号线自 2002 年开通以来,一直承担着巨大的运输压力。其北侧沿线聚集了大量的住宅区和人口密集区,而西侧则紧邻多个高科技产业园区和商务中心,这使得线路的西北段,尤其是在早晚高峰时段,各站点客流量巨大,列车满载率经常达到设计容量的 120%,严重影响了乘客的出行体验与效率。拆分后的 13A 线将继续沿用 13 号线西段的既有走向,但会进一步向东北方向延伸,深入更多居住区,并增设新站点以更好地覆盖这些区域,减轻现有站点的客流压力。而 13B 线则会从 13 号线东段出发,向西延伸,直达产业园区,为上班族提供更加便捷的通勤选择。两条新线路将在新建的换乘站点实现互联互通,乘客可根据目的地灵活选择线路,大大提高了出行效率。

这一拆分项目于 2022 年底正式投入运营,北京城市北部的轨道交通网络结构将发生显著变化,不仅提升了运输能力,还促进了交通资源的合理分配。随着新线路的开通,居民的出行方式也将发生一定程度的转移。部分原本依赖地铁出行的乘客可能会因为新线路的便捷性而选择 13A 或 13B 线,而另一些乘客则可能根据新线路的布局调整,转而使用公交车或小汽车作为替代出行方式。这种出行方式的转移将直接影响到整个区域的交通结构,使得轨道交通、公交系统和小汽车出行之间的比例发生变化。值得注意的是,不同起讫点之间的居民出行方式变化会有所差异。例如,居住在西二旗附近而工作地点在产业园区的居民，可能会更倾向于选择 13B 线，以减少通勤时间和换乘次数；而居住在回龙观、需要前往城市其他方向的乘客，则可能根据新线路的布局和换乘便利性，在地铁、公交和小汽车之间做出不同的选择。因此，政府和交通管理部门需要密切关注这一变化，适时调整和优化公共交通服务，确保新线路能够有效缓解交通压力，提升公众出行满意度。

在这样的研究背景下，本案例针对线路调整下的出行选择问题，考虑个体出行习惯对其感知轨道交通效益变化程度的影响，分析不同习惯影响程度下个体的出行方式变化情况。

2. 案例描述

选取既有 13 号线沿线一个典型居住小区为 O，工作区为 D。OD 间轨道出行可达性与便捷性发生变化，个体出行在三种方式间发生转移，考虑拆分带来的差异性影响。

3. 心理因素分析

由于个体在 OD 之间进行重复性较高的出行，易对某种方式产生偏好并重复选择，形成出行习惯，需要首先定义个体对习惯出行方式的偏好为习惯依赖性。出行环境变化后，一方面，寻优心理使得人们尝试使用效益更优的方案；另一方面，受出行习惯影响，当使用另一种方式出行所付出的成本没有显著减少或期望提升的效益不明确时，人们往往会抑制行为的改变，保持习惯方式出行，此时个体为有限理性行为人。随着效益变化增大，这种抑制作用逐渐削弱，个体逐渐回到理性状态。因此随着线路调整，个体出行决策过程可分为两类讨论。

（1）OD 之间采用轨道出行的效益降低。

当轨道线路调整导致 OD 间轨道出行效益下降（如换乘次数增加、等待时间延长）时，原轨道乘客可能会考虑转向其他方式（如公交车、小汽车）。然而，由于习惯依赖性的存在，这种转移不会立即且完全发生，转移率会低于在完全理性状态下预期的水平。同时，原公交车和小汽车乘客由于未形成对轨道交通的依赖，更可能保持既有出行方式不变。

（2）OD 之间采用轨道出行的效益提高。

当线路调整后，OD 间轨道出行的可达性增强（如减少换乘、缩短出行时间），出行效益显著提升时，原公交车和小汽车乘客会受到轨道交通的吸引，倾向于转向轨道交通。但同样由于习惯依赖性和改变成本（如重新学习路线、调整出行时间等）的存在，这种转移率也会低于完全理性状态下的水平。而原轨道乘客则更可能继续选择轨道出行，因为他们的习惯依赖性得到了正面强化。

综上所述，个体在 OD 间出行方式的选择不仅受各方式客观效益的影响，还深受个体出行习惯依赖性的制约。这种依赖性导致在交通线路调整时，不同 OD 间的出行方式转移情况呈现出差异性。因此，城市交通规划和政策制定应充分考虑个体的习惯依赖性，通过优化线路设计、提供信息引导、实施激励措施等手段，促进个体向更高效益出行方式的理性转移，同时减少因习惯依赖性带来的转移障碍。此外，未来的研究还需进一步量化习惯依赖性对出行方式选择的具体影响，以及如何通过策略干预来有效引导个体行为，以实现城市交通系统的整体优化。

4. 结论及出行优化政策

针对轨道线路调整情境下居民的出行选择行为，本书突破了既有研究中个体理性评估各出行方式效益的传统假设，引入了习惯对行为改变的阻碍作用，以北京地铁 13 号线的拆分作为实证案例，进行心理因素分析，并据此得出以下结论：

（1）轨道线路的调整并不必然带来轨道出行效益的提升，其对不同起讫点（OD）的影响可能截然相反。

（2）个体的习惯阈值越大，其维持原有出行方式的概率就越高。

（3）出行者对某种出行方式的依赖程度越高，其决策时受到习惯抑制的作用就越大，从而更难转向实际效益更优的出行方式。

（4）为了提升轨道出行的优势，削弱习惯对行为改变的抑制作用，并提高居民的绿色出行比例，轨道交通线路的调整应配合相应的换乘接驳措施和优惠的出行服务政策。

基于这一认识，提出以下具体的改善策略：

（1）针对 13 号线拆分后部分 OD 间轨道出行受到不利影响的情况，其主要症结在于换乘环节的增多。为了缓解这一问题，可以在两线换乘站的设计上采取创新措施，如引入同站台换乘模式，以大幅度缩短主要客流的换乘时间，从而提升换乘效率与乘客体验。

（2）值得注意的是，13 号线的拆分对小汽车乘客的吸引力相对有限，客流转移主要发生在公共交通系统内部。为了进一步扩大轨道交通的出行优势，提升线路拆分的影响力，可以在地铁站点和住宅区周边规范增设共享单车投放点，以此提升轨道交通出行的"最后一公里"便捷性。这一举措将有效促进公共交通与慢行交通的无缝衔接，进一步吸引乘客选择轨道交通出行。

（3）为了降低公共交通出行的费用负担，可以对公共交通间的换乘给予一定的折扣优惠。根据配套政策实施后各方式选择概率的变化情况（如表 6.5 所示），小汽车出行的选择概率分别下降了 1.2%和 1.8%，而轨道交通的选择概率则进一步上升，公共交通整体出行比例得到了提高。这一结果表明，完善配套策略有助于削弱个体出行习惯对决策的影响，从而更有效地实现线路调整的预期目标。

表 6.5 选择概率变化

单位：%

出行区间	小汽车	公共交通	轨道交通
OD 1	−1.2	−6.0	7.2
OD 2	−1.8	−2.2	4.0

综上所述，通过优化换乘设计、提升"最后一公里"便捷性以及实施换乘优惠等配套策略，可以进一步发挥轨道交通线路调整的优势，促进公共交通系统的整体优化与发展。

6.4.2 习惯影响下城际出行方式选择意向形成机理

1. 问题背景

北京作为中国的首都和交通枢纽，已经面向全国各主要城市构建起了一个高度一体化、多模式并行的综合交通运输体系。这一体系不仅涵盖了高速铁路（高铁）、普速铁路（普铁）、长途汽车（大巴）、民航等多种交通方式，还通过不断优化换乘衔接，确保了旅客能够便捷地在不同交通方式之间进行转换，满足多样化的出行需求。在这样的背景下，本案例聚焦于以北京为出发点的城际出行区间，旨在深入了解旅客在选择交通方式时的偏好、行为模式以及影响因素。为了全面、准确地收集数据，研究采用了实地调查和互联网调查相结合的方式。

实地调查部分，研究团队在北京的主要交通枢纽（如北京站、北京西站、北京南站、首都国际机场等）设置了调查点，通过问卷、访谈等形式，直接与旅客进行交流，获取他们关于出行方式选择的第一手信息。这种调查方式能够直接观察旅客的出行行为，捕捉到一些在互联网调查中可能难以发现的细节和趋势。

互联网调查部分，则充分利用了网络平台的便捷性和广泛性。研究团队设计了在线问卷，并通过社交媒体、专业论坛、旅游网站等多种渠道进行发布和推广。这种方式能够覆盖更广泛的受众群体，特别是那些习惯于在线搜索和预订交通服务的年轻旅客。通过收集和分析这些问卷数据，研究团队能够更深入地了解旅客的出行需求、偏好以及对于不同交通方式的评价。

结合实地调查和互联网调查的结果，本研究将能够更全面地揭示以北京为起点的城际出行市场中旅客的交通方式选择行为及其背后的原因。这不仅有助于深化对旅客出行行为的理解，还能为交通管理部门和运输企业提供有价值的参考信息，促进综合交通运输体系的进一步优化和完善。

2. 数据处理

问卷首先引导旅客详尽阐述其出行经验最为丰富的出京目的地，随后列举了包括普通铁路（普铁）、长途大巴和高速铁路（高铁）在内的多种可行出行方式，要求旅客指出其最常采用的一种出行方式，并提供相关的出行信息。问卷的第二部分则专注于心理测量，精心设计了涉及态度（ATT）、感知安全（SAT）、社会规范（SN）、感知行为控制（PBC）、健康意识（HA）和行为意向（BI）这6个维度的陈述题，采用利克特五级量表来量化受访者的认同程度。

在数据预处理阶段，严格剔除了存在数据缺失或回答前后矛盾的问卷，以确保分析结果的准确性和可靠性。经过这一筛选过程，共收集到1 366份有效问卷。

为了更精确地反映并对比旅客在不同出行方式上的选择意向，同时排除选择集差异可能带来的干扰，本研究进一步筛选了问卷样本，仅保留了那些城际出行区间内包含普铁、高铁和大巴这3种可行出行方式的问卷，共计987份，占总有效问卷的72.3%。这一精选样本集为后续深入分析旅客出行方式选择意向提供了坚实的基础。

3. 心理因素分析

进一步分析旅客在选择出京旅行方式时的心理因素，可以从更细致的角度探讨每个心理维度如何影响旅客的决策过程，并考虑这些心理因素之间的相互作用。旅客对某种出行方式持有正面态度，可能是因为该方式提供了舒适的环境、便捷的服务或良好的历史体验。正面态度会增强旅客选择该方式的意愿。相反，如果旅客对某种出行方式有负面印象，如拥挤、不卫生或延误频繁，那么他们可能会避免选择这种方式。旅客的态度可能受到个人经验、社会影响（如朋友或家人的推荐）以及媒体宣传的影响。

旅客在选择出行方式时，通常会优先考虑安全性。高铁等现代化交通工具因其高标准的安全措施而往往被认为更安全。旅客对不同出行方式的风险感知不同。例如，长途大巴可能因道路状况和驾驶员疲劳而被视为风险较高，而高铁则因其稳定的运行记录和先进的控制系统而被视为更安全。旅客对交通工具的运营商、服务人员以及整体系统的信任程度也会影响他们对安全性的感知。

其次，旅客的决策还可能受到周围人（如家人、朋友、同事）的影响。如果某种出行方式在旅客的社交圈内被视为合适或流行的选择，那么他们可能更倾向于选择这种方式。在某些文化中，特定的出行方式可能被视为更尊贵或更合适的选择。例如，在某些社会中，高铁被视为一种高端、现代的出行方式。旅客可能会感受到来自社会的压力，以符合某种期望或规范。这种压力可能促使他们选择被认为更合适或更"正确"的出行方式。

再者，心理因素还包括旅客对自己能否成功使用某种出行方式的信心程度。这包括他们是否熟悉该方式的使用流程、是否认为自己的身体状况适合该方式等。旅客在选择出行方式时，还会考虑自己的经济能力、时间安排和行李需求等资源。这些因素会限制他们的选择范围。旅客会评估不同出行方式的优缺点，并基于自己的需求和偏好做出选择。

旅客在选择出行方式时，还会考虑其对健康的影响。例如，他们可能会避免选择可能引发晕车或身体不适的出行方式。旅客可能会采取预防措施来降低健康风险，如佩戴口罩、携带消毒用品等。某些出行方式可能被视为更健康的选择，如步行或骑自行车。然而，在长途旅行中，这些方式可能不太实际。因此，旅客可能会寻找其他能够平衡舒适度和健康需求的出行方式。

然而，这些心理因素不是孤立的，而是相互作用的。例如，旅客的态度可能受到他们对安全性的感知、社会规范的影响以及他们对自己控制能力的信心程度的影响。同样，旅客的健康意识可能也会影响他们对出行方式的选择和态度。因此，在理解旅客的出行决策时，需要综合考虑这些心理因素之间的相互作用和相互影响。

基于以上因素的综合考虑，旅客会形成对未来出行方式的选择意向。这种意向可能受到个人需求、情境变化和外部因素的影响而发生变化。一旦旅客对某种出行方式形成了积极的印象和满意的体验，他们可能会形成对该方式的忠诚度，并在未来的旅行中优先选择这种方式。旅客的出行决策可能具有计划性，即他们可能会提前了解不同出行方式的优缺点，并根据自己的需求和偏好做出选择。然而，有时旅客也可能因紧急情况或突发需求而做出即兴选择。

在计划行为理论（Theory of Planned Behavior，TPB）的基础上，创新性地引入了习惯作为潜变量，并针对普铁、大巴和高铁这3种城际出行方式，分别构建了结构方程模型。经过两轮细致的修订过程，删除了部分路径，以确保模型的精炼度和解释力。最终，获得 SEM 中结构模型的关键参数标定结果，如图 6.7~图 6.9 所示。

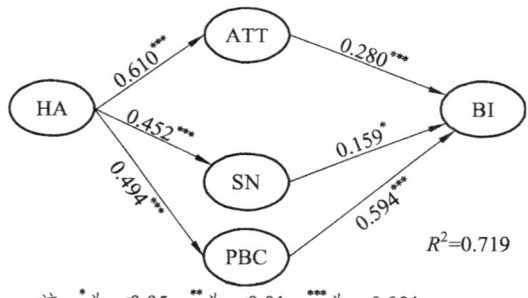

注：*为$p<0.05$，**为$p<0.01$，***为$p<0.001$。

图 6.7 普铁出行结构方程模型

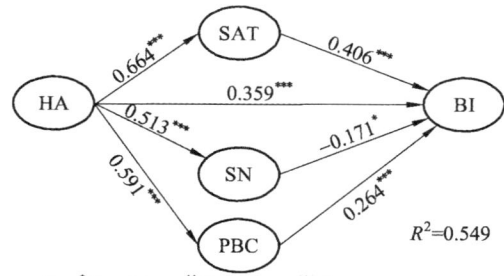

注：*为$p<0.05$，**为$p<0.01$，***为$p<0.001$。

图 6.8 大巴车出行结构方程模型

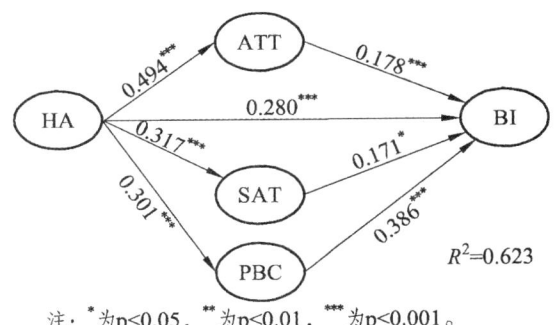

注：*为p<0.05，**为p<0.01，***为p<0.001。

图 6.9 高铁出行结构方程模型

模型拟合度评价结果如表 6.6 所示，所有拟合指数均满足适配良好的标准（$1<x^2/\mathrm{df}<3$，RMR<0.08，GFI>0.9，IFI>0.9，TLI>0.9，RMSEA<0.08）。

表 6.6 模型拟合结果

拟合指数	普铁	大巴	高铁
x^2/df	1.736	1.857	1.529
RMR	0.070	0.079	0.048
GFI	0.916	0.918	0.929
IFI	0.959	0.963	0.965
TLI	0.951	0.955	0.954
RMSEA	0.056	0.049	0.048

从图 6.7 至图 6.9 的展示中，可以清晰地观察到，所有回归系数的 p 值均低于 0.05 的显著性水平，这意味着每一对因果关系均呈现出显著性，且其中大部分关系极为显著（p<0.001）。在普铁模型中，服务满意度与意向之间并未发现直接的因果关系，而习惯则仅通过间接路径对意向产生影响，其间接效应值为 0.538。转向大巴模型，发现情感性态度与意向之间不存在直接的因果联系，而习惯对意向则同时展现出直接（0.338）和间接（0.513）的显著效应。至于高铁模型，规范与意向之间

同样缺乏直接的因果关联，习惯对意向的直接和间接效应则分别为 0.280 和 0.258。这些发现共同揭示了，在三种交通方式的选择意向中，不仅 TPB（理论计划行为）的经典潜变量发挥着作用，习惯同样是一个不可忽视的影响因素。

具体而言，对于普铁、大巴和高铁，经典潜变量对意向的总效应分别为 1.033、0.499 和 0.735，而习惯对意向的总效应则分别为 0.538、0.851 和 0.538。这一数据表明，在大巴出行者中，习惯对选择该方式出行的倾向性影响最为显著。值得注意的是，习惯对意向的直接影响相对较弱，这暗示了过去乘坐经验中形成的感受可能自动融入了上述经典潜变量之中，进而对后续的出行意向产生了间接的影响。这一现象在普铁和大巴模型中尤为明显。

此外，心理潜变量在解释意向方差方面展现出了强大的能力，其中大巴模型的解释力度最高（71.9%），高铁模型最低（54.9%），普铁模型则位于两者之间（62.3%）。基于这些发现，可以得出以下结论：普铁的选择意向更适合用传统的计划行为理论模型进行解释；大巴的选择意向则最适合通过引入习惯的潜变量模型进行阐释；而对于高铁而言，由于其票价相对较高，因此在潜变量模型的基础上，还需要结合时间、费用等反映实用价值的显变量，才能更全面地解释意向的形成过程。

4. 结论

本案例在 TPB 框架的基础上，充分考量了城际出行方式选择的独特性，将态度这一要素细化为蕴含情感性和工具性双重维度的情感性态度与服务满意度。同时，通过明确定义和量化测量城际出行方式选择的习惯倾向，将其作为外生潜变量融入 TPB 模型，深入剖析了习惯对意向的作用机制及其影响程度，并在不同出行方式间进行了全面的横向对比分析。针对城际出行方式选择中的习惯倾向，得出以下结论：

（1）融入习惯的 TPB 模型在解释城际出行方式选择意向的形成过程

中展现出了显著的有效性。

（2）城际出行方式选择呈现出明显的习惯倾向，其中大巴出行的习惯倾向最为强烈，高铁次之，普铁最弱。大巴因其相较于普铁更优的可达性和充足的票源，以及相较于高铁更为低廉的票价，使得旅客更容易形成出行习惯。而高铁出行者则表现出更为理性的特征，他们在每次出行时都需要基于过往经验进行进一步的综合比较和选择。

（3）习惯对意向的影响既包括直接效应也包括间接效应，且间接效应通常更为显著。对于普铁而言，习惯主要通过态度等潜变量间接地影响意向；而对于大巴和高铁，习惯不仅会在潜意识层面影响旅客的心理状态，还会因为过去的良好体验而直接转化为出行意向。

参考文献

[1] AGATZ N A H, ERERA A L, SAVELSBERGH M W P, et al. Dynamic ride-sharing: a simulation study in metro Atlanta [J]. Transportation Research Part B: Methodological, 2011, 45（9）: 1450-1464.

[2] AGATZ N, ERERA A, SAVELSBERGH M, et al. Optimization for dynamic ride-sharing: a review [J]. European Journal of Operational Research, 2012, 223（2）: 295-303.

[3] ALLAIS M. Le comportement de l'homme rationnel devant le risque: critique des postulates et axiomes de l'ecole americaine [J]. Econometrica, 1953, 21: 503-546.

[4] APESTEGUÍA J, BALLESTER M A. A theory of reference-dependent behavior [J]. Documentos De Trabajo, 2009, 40（3）: 427-455.

[5] AVINERI E. The effect of reference point on stochastic network equilibrium [J]. Transportation Science, 2006, 40（4）: 409-420.

[6] BAHAT O, BEKHOR S. Incorporating ridesharing in the static traffic assignment model [J]. Networks & Spatial Economics, 2016, 16（4）: 1125-1149.

[7] BARAZZA E, STRACHAN N. The impact of heterogeneous market players with bounded-rationality on the electricity sector low-carbon transition [J]. Energy Policy. 2020, 138: 111274.

[8] BARBERIS N, HUANG M, SANTOS T. Prospect theory and asset prices [J]. Advances in Behavioral Finance, 2005, 2: 224-272.

[9] BECKMANN M J, MCGUIRE C B, WINSTEN C B. Studies in the

economics of transportation [M]. New Heaven: Yale University Press, 1956.

[10] BEKHOR S, CHORUS C G, TOLEDO T. Stochastic user equilibrium for route choice model based on random regret minimization [J]. Transportation Research Record: Journal of the Transportation Research Board, 2012, 2284（1）: 100-108.

[11] BEKHOR S, REZNIKOVA L, TOLEDO T. Application of cross-nested logit route choice model in stochastic user equilibrium traffic assignment [J]. Transportation Research Record: Journal of the Transportation Research Board, 2007, 2003（1）: 41-49.

[12] BELL D E. Disappointment in decision making under uncertainty [J]. Operations Research, 1985, 33（1）: 1-27.

[13] BELL D E. Regret in Decision Making under Uncertainty [J]. Operations Research, 1982, 30（5）: 961-981.

[14] BELL M G H. Alternatives to Dial's logit assignment algorithm [J]. Transportation Research Part B: Methodological, 1995, 29（4）: 287-295.

[15] BEN-AKIVA M E, LERMAN S R. Discrete choice analysis: theory and application to travel demand [M]. Cambridge: MIT Press, 1985.

[16] BROOK A, KENDRICK D, MEERAUS A. GAMS, a user's guide [J]. ACM, 1988, 23（3/4）: 10-11.

[17] CAGGIANI L, CAMPOREALE R, OTTOMANELLI M, et al. A modeling framework for the dynamic management of free-floating bike-sharing systems [J]. Transportation Research Part C: Emerging Technologies, 2018, 87: 159-182.

[18] DECARVALHO E S, RASOULI S, TIMMERMANS H. Use of

concepts of regret and disappointment to model dynamic route choice behavior under uncertainty[J]. Transportation Research Record: Journal of the Transportation Research Board, 2016, 2567（1）: 131-138.

[19] CHEN Y, SU X, ZHAO X. Modeling bounded rationality in capacity allocation games with the quantal response equilibrium [J]. Management Science, 2012, 58（10）: 1952-1962.

[20] CHORUS C G, ARENTZE T A, TIMMERMANS H J P. A random regret-minimization model of travel choice [J]. Transportation Research Part B: Methodological, 2008, 42（1）: 1-18.

[21] CHORUS C G, ROSE J M, Hensher D A. Regret minimization or utility maximization: it depends on the attribute [J]. Environment and Planning Part B, 2013, 40（1）: 154-169.

[22] CHORUS C G. A generalized random regret minimization model [J]. Transportation Research Part B: Methodological, 2014, 68: 224-238.

[23] CHORUS C G. A new model of random regret minimization [J]. European Journal of Transport and Infrastructure Research, 2010, 10（2）: 181-196.

[24] CHORUS C G. Regret theory-based route choices and traffic equilibria[J]. Transportmetrica, 2012, 8（4）: 291-305.

[25] CONLISK J. Why bounded rationality? [J]. Journal of Economic Literature, 1996, 34（2）: 669-700.

[26] CONNORS R D, SUMALEE A. A network equilibrium model with travellers' perception of stochastic travel times [J]. Transportation Research Part B: Methodological, 2009, 43（6）: 614-624.

[27] CUI H, YUAN G, Liu N, et al. Convolutional neural network for

recognizing highway traffic congestion [J]. Journal of Intelligent Transportation Systems, 2020, 24（3）: 279-289.

[28] DAFERMOS S. The general multimodal network equilibrium problem with elastic demand [J]. Networks. 1982, 12（1）: 57-72.

[29] DAFERMOS S. Traffic equilibrium and variational inequalities [J]. Transportation Science. 1980, 14（1）: 42-54.

[30] DAGANZO C F, SHEFFI Y. On stochastic models of traffic assignment [J]. Transportation Science, 1977, 11（3）: 253-274.

[31] DAGANZO C F. Equilibrium model for carpools on an urban network [J]. Transportation Research Record: Journal of the Transportation Research Board, 1981, 835: 74-79.

[32] DE PALMA A, KILANI M, LINDSEY R. Congestion pricing on a road network: a study using the dynamic equilibrium simulator metropolis [J]. Transportation Research Part A: Policy and Practice, 2005, 39（7/8/9）: 588-611.

[33] DEAKIN E, FRICK K T, SHIVELY K M. Markets for dynamic ridesharing？: Case of Berkeley, California [J]. Transportation Research Record: Journal of the Transportation Research Board, 2010, 2187（1）: 131-137.

[34] DI X, HE X, GUO X, et al. Braess paradox under the boundedly rational user equilibria [J]. Transportation Research Part B: Methodological, 2014, 67: 86-108.

[35] Di X, Liu H X, Ban X J. Second best toll pricing within the framework of bounded rationality [J]. Transportation Research Part B: Methodological, 2016, 83: 74-90.

[36] DI X, LIU H X, BAN X, et al. Ridesharing user equilibrium and its

implications for high-occupancy toll lane pricing[J]. Transportation Research Record: Journal of the Transportation Research Board, 2017, 2667（1）: 39-50.

[37] DI X, LIU H X, PANG J, et al. Boundedly rational user equilibria (BRUE): mathematical formulation and solution sets [J]. Transportation Research Part B: Methodological, 2013, 57: 300-313.

[38] DI X, LIU H X, ZHU S, et al. Indifference bands for boundedly rational route switching [J]. Transportation, 2017, 44（5）: 1169-1194.

[39] DI X, LIU H X. Boundedly rational route choice behavior: a review of models and methodologies [J]. Transportation Research Part B: Methodological, 2016, 85: 142-179.

[40] DI X, MA R, LIU H X, et al. A link-node reformulation ridesharing user equilibrium with network design [J]. Transportation Research Part B: Methodological, 2018, 112: 230-255.

[41] DIAL R B. A probabilistic multipath traffic assignment model which obviates path enumeration [J]. Transportation Research, 1971, 5（2）: 83-111.

[42] ELLSBERG D. Risk, ambiguity, and the savage axioms [J]. The Quarterly Journal of Economics, 1961, 75（4）: 643-669.

[43] FARHAN J, CHEN T D. Impact of ridesharing on operational efficiency of shared autonomous electric vehicle fleet[J]. Transportation Research Part C: Emerging Technologies, 2018, 93: 310-321.

[44] FIELBAUM A, BAI X, ALONSO-MORA J. On-demand ridesharing with optimized pick-up and drop-off walking locations [J].

Transportation Research Part C: Emerging Technologies, 2021, 126: 103061.

[45] FISK C. Some developments in equilibrium traffic assignment [J]. Transportation Research Part B: Methodological, 1980, 14（3）: 243-255.

[46] FONZONE A, SCHMÖCKER J D, Ma J, et al. Link-based route choice considering risk aversion, disappointment, and regret [J]. Transportation Research Record: Journal of the Transportation Research Board, 2012, 2322（1）: 119-128.

[47] FONZONE A, SCHMÖCKER J D, VITI F. New services, new travelers, old models? Directions to pioneer public transport models in the era of big data [J]. Journal of Intelligent Transportation Systems, 2016, 20（4）: 311-315.

[48] FORAMITTI J, SAVIN I, VAN DEN BERGH J C. Emission tax vs. permit trading under bounded rationality and dynamic markets [J]. Energy Policy, 2021, 148: 112009.

[49] FURUHATA M, DESSOUKY M, ORDÓÑEZ F, et al. Ridesharing: the state-of-the-art and future directions [J]. Transportation Research Part B: Methodological, 2013, 57: 28-46.

[50] GAO K, SUN L, YANG Y, et al. Cumulative prospect theory coupled with multi-attribute decision making for modeling travel behavior [J]. Transportation Research Part A: Policy and Practice, 2021, 148: 1-21.

[51] GHOSEIRI K, HAGHANI A, HAMEDI M. Real-time rideshare matching problem [M]. [S.I.]: [s.n.] Mid-Atlantic Universities Transportation Center: Berkeley, UK, 2011.

[52] GILL D, PROWSE V. A structural analysis of disappointment aversion in a real effort competition [J]. American Economic Review, 2012, 102（1）: 469-503.

[53] GUO X, LIU H X. Bounded rationality and irreversible network change [J]. Transportation Research Part B: Methodological, 2011, 45（10）: 1606-1618.

[54] GUO X. Toll sequence operation to realize target flow pattern under bounded rationality [J]. Transportation Research Part B: Methodological, 2013, 56: 203-216.

[55] HAGHSHENAS H, VAZIRI M. Urban sustainable transportation indicators for global comparison [J]. Ecological Indicators, 2012, 15（1）: 115-121.

[56] HAN K, SZETO W Y, FRIESZ T L. Formulation, existence, and computation of boundedly rational dynamic user equilibrium with fixed or endogenous user tolerance [J]. Transportation Research Part B: Methodological, 2015, 79: 16-49.

[57] HARRIET T, POKU K, EMMANUEL A K. An assessment of traffic congestion and its effect on productivity in urban Ghana [J]. International Journal of Business and Social Science, 2013, 4（3）: 225-234.

[58] HE F, WANG X, LIN X, et al. Pricing and penalty/compensation strategies of a taxi-hailing platform[J]. Transportation Research Part C: Emerging Technologies, 2018, 86: 263-279.

[59] HOU L, LI D, ZHANG D. Ride-matching and routing optimisation: models and a large neighbourhood search heuristic[J]. Transportation Research Part E: Logistics and Transportation

Review, 2018, 118: 143-162.

[60] HRNČÍŘ J, ROVATSOS M, JAKOB M. Ridesharing on timetabled transport services: a multiagent planning approach [J]. Journal of Intelligent Transportation Systems, 2015, 19（1）: 89-105.

[61] HU T, MAHMASSANI H S. Day-to-day evolution of network flows under real-time information and reactive signal control [J]. Transportation Research Part C: Emerging Technologies, 1997, 5（1）: 51-69.

[62] HUANG H J, YANG H, BELL M G H. The models and economics of carpools [J]. Annals of Regional Science, 2000, 34（1）: 55-68.

[63] IRAGANABOINA N C, BHOWMIK T, YASMIN S, et al. Evaluating the influence of information provision (when and how) on route choice preferences of road users in Greater Orlando: application of a regret minimization approach [J]. Transportation Research Part C: Emerging Technologies, 2021, 122: 102923.

[64] JAW J J, ODONI A R, PSARAFTIS H N, et al. A heuristic algorithm for the multi-vehicle advance request dial-a-ride problem with time windows [J]. Transportation Research Part B: Methodological, 1986, 20（3）: 243-257.

[65] JAYAKRISHNAN R, MAHMASSANI H S, HU T. An evaluation tool for advanced traffic information and management systems in urban networks [J]. Transportation Research Part C: Emerging Technologies, 1994, 2（3）: 129-147.

[66] JIANG W, DOMINGUEZ C R, ZHANG P, et al. Large-scale nationwide ridesharing system: a case study of Chunyun [J]. International Journal of Transportation Science and Technology,

2018, 7（1）: 45-59.

[67] JOU R C, CHEN K H. An application of cumulative prospect theory to freeway drivers' route choice behaviours [J]. Transportation Research Part A: Policy and Practice, 2013, 49: 123-131.

[68] KAHNEMAN D, TVERSKY A. Prospect theory: An analysis of decision under risk [J]. Econometrica: Journal of the Econometric Society, 1979, 47: 263-291.

[69] KAPLAN S, PRATO C G. The application of the random regret minimization model to drivers' choice of crash avoidance maneuvers [J]. Transportation Research Part F: Traffic Psychology and Behaviour, 2012, 15（6）: 699-709.

[70] KE J, YANG H, ZHENG Z. On ride-pooling and traffic congestion [J]. Transportation Research Part B: Methodological, 2020, 142: 213-231.

[71] KITTHAMKESORN S, Chen A. A path-size weibit stochastic user equilibrium model [J]. Transportation Research Part B: Methodological, 2013, 57（11）: 378-397.

[72] KNIGHT F H. Some fallacies in the interpretation of social cost [J]. The Quarterly Journal of Economics, 1924, 38（4）: 582-606.

[73] LARSSON T, PATRIKSSON M. Side constrained traffic equilibrium models — analysis, computation and applications [J]. Transportation Research Part B: Methodological, 1999, 33（4）: 233-264.

[74] LEE A, SAVELSBERGH M. Dynamic ridesharing: Is there a role for dedicated drivers? [J]. Transportation Research Part B: Methodological, 2015, 81: 483-497.

[75] LI G, LAI W, SUI X, et al. Influence of traffic congestion on driver

behavior in post-congestion driving [J]. Accident Analysis & Prevention, 2020, 141: 105508.

[76] LI M, HUANG H J. A regret theory-based route choice model [J]. Transportmetrica A: Transport Science, 2017, 13（3）: 250-272.

[77] LITMAN T, BURWELL D. Issues in sustainable transportation [J]. International Journal of Global Environmental Issues, 2006, 6（4）: 331-347.

[78] LIU Q, SHUM S. Pricing and capacity rationing with customer disappointment aversion [J]. Production & Operations Management, 2013, 22（5）: 1269-1286.

[79] LIU Y, LI Y. Pricing scheme design of ridesharing program in morning commute problem [J]. Transportation Research Part C: Emerging Technologies, 2017, 79: 156-177.

[80] LOKHANDWALA M, Cai H. Dynamic ride sharing using traditional taxis and shared autonomous taxis: a case study of NYC[J]. Transportation Research Part C: Emerging Technologies, 2018, 97: 45-60.

[81] LONG J, TAN W, SZETO W Y, et al. Ride-sharing with travel time uncertainty [J]. Transportation Research Part B: Methodological. 2018, 118: 143-171.

[82] LOOMES G, SUGDEN R. Regret theory: an alternative theory of rational choice under uncertainty [J]. The Economic Journal, 1982, 92（368）: 805-824.

[83] LOU Y, YIN Y, LAWPHONGPANICH S. Robust congestion pricing under boundedly rational user equilibrium [J]. Transportation Research Part B: Methodological, 2010, 44（1）: 15-28.

[84] LU S, LIU X. Sensitivity analysis of boundedly rational system optimal traffic assignment [C]. International Conference on System Science, Management Science and System Dynamics, 2007: 1519-1525.

[85] MA J, XU M, MENG Q, et al. Ridesharing user equilibrium problem under OD-based surge pricing strategy [J]. Transportation Research Part B: Methodological, 2020, 134: 1-24.

[86] MAHER M J, HUGHES P C. A probit-based stochastic user equilibrium assignment model [J]. Transportation Research Part B: Methodological, 1997, 31(4): 341-355.

[87] MAHMASSANI H S, CHANG G. On boundedly rational user equilibrium in transportation systems [J]. Transportation Science, 1987, 21(2): 89-99.

[88] MAHMASSANI H S, LIU Y. Dynamics of commuting decision behaviour under advanced traveller information systems [J]. Transportation Research Part C: Emerging Technologies, 1999, 7(2/3): 91-107.

[89] MASOUD N, JAYAKRISHNAN R. A decomposition algorithm to solve the multi-hop peer-to-peer ride-matching problem [J]. Transportation Research Part B: Methodological, 2017, 99: 1-29.

[90] MASOUD N, JAYAKRISHNAN R. A real-time algorithm to solve the peer-to-peer ride-matching problem in a flexible ridesharing system [J]. Transportation Research Part B: Methodological, 2017, 106: 218-236.

[91] MCFADDEN D. Conditional logit analysis of qualitative choice behavior [J]. Frontiers in Econometrics, 1974, 105-142.

[92] MORENCY C. The ambivalence of ridesharing [J]. Transportation, 2007, 34（2）: 239-253.

[93] NAJMI A, REY D, RASHIDi T H. Novel dynamic formulations for real-time ride-sharing systems [J]. Transportation Research Part E: Logistics and Transportation Review, 2017, 108: 122-140.

[94] NOURINEJAD M, ROORDA M J. Agent based model for dynamic ridesharing [J]. Transportation Research Part C: Emerging Technologies, 2016, 64: 117-132.

[95] DEPALMA A, BEN-AKIVA M, BROWNSTONE D, et al. Risk, uncertainty and discrete choice models [J]. Marketing Letters, 2008, 19（3/4）: 269-285.

[96] PAS E I, PRINCIPIO S L. Braess' paradox: some new insights [J]. Transportation Research Part B: Methodological, 1997, 31（3）: 265-276.

[97] POPESCU I, WU Y. Dynamic pricing strategies with reference effects [J]. Operations Research, 2007, 55（3）: 413-429.

[98] PRATO C G. Route choice modeling: past, present and future research directions [J]. Journal of Choice Modelling. 2009, 2（1）: 65-100.

[99] PRELEC D. The probability weighting function [J]. Econometrica, 1998, 66（3）: 497-527.

[100] RAMOS G D, BAZZAN A L, DA SILVA B C. Analysing the impact of travel information for minimising the regret of route choice [J]. Transportation Research Part C: Emerging Technologies, 2018, 88: 257-271.

[101] SAGI J S. Anchored preference relations [J]. Journal of Economic

Theory, 2006, 130（1）: 283-295.

[102] SCHMIDT U. Reference dependence in cumulative prospect theory [J]. Journal of Mathematical Psychology, 2003, 47（2）: 122-131.

[103] SEGUI-GASCO P, BALLIS H, PARISI V, et al. Simulating a rich ride-share mobility service using agent-based models [J]. Transportation, 2019, 46（6）: 2041-2062.

[104] SHEFFI Y, POWELL W B. An algorithm for the equilibrium assignment problem with random link times [J]. Networks, 1982, 12（2）: 191-207.

[105] SHEFFI Y, POWELL W. A comparison of stochastic and deterministic traffic assignment over congested networks [J]. Transportation Research Part B: Methodological, 1981, 15（1）: 53-64.

[106] SHEFFI Y. Urban transportation networks: equilibrium analysis with mathematical programming methods [M]. Englewood Cliffs: Prentice-Hall, 1985.

[107] SIMON H A. A behavioral model of rational choice [J]. The Quarterly Journal of Economics, 1955, 69（1）: 99-118.

[108] SIMON H A. Bounded rationality in social science: today and tomorrow [J]. Mind & Society, 2000, 1（1）: 25-39.

[109] SIMONETTO A, MONTEIL J, GAMBELLA C. Real-time city-scale ridesharing via linear assignment problems [J]. Transportation Research Part C: Emerging Technologies, 2019, 101: 208-232.

[110] SMITH M J. The marginal cost taxation of a transportation network [J]. Transportation Research Part B: Methodological, 1979, 13

(3): 237-242.

[111] SMITH M J. Two alternative definitions of traffic equilibrium [J]. Transportation Research Part B: Methodological, 1984, 18(1): 63-65.

[112] SONG Z, YIN Y, LAWPHONGPANICH S. Optimal deployment of managed lanes in general networks [J]. International Journal of Sustainable Transportation, 2015, 9(6): 431-441.

[113] SONSINO D. Disappointment aversion in internet bidding-decisions [J]. Theory and Decision, 2008, 64(2): 363-393.

[114] STARMER C. Developments in non-expected utility theory: the hunt for a descriptive theory of choice under risk [J]. Journal of Economic Literature, 2000, 38(2): 332-382.

[115] STEG L, GIFFORD R. Sustainable transportation and quality of life [J]. Journal of Transport Geography, 2005, 13(1): 59-69.

[116] STIGLIC M, AGATZ N, SAVELSBERGH M, et al. The benefits of meeting points in ride-sharing systems [J]. Transportation Research Part B: Methodological, 2015, 82: 36-53.

[117] SUGDEN R. Reference-dependent subjective expected utility [J]. Journal of Economic Theory, 2003, 111(2): 172-191.

[118] SZETO W Y, LO H K. Dynamic traffic assignment: properties and extensions [J]. Transportmetrica, 2006, 2(1): 31-52.

[119] TAFRESHIAN A, MASOUD N. Trip-based graph partitioning in dynamic ridesharing [J]. Transportation Research Part C: Emerging Technologies, 2020, 114: 532-553.

[120] TEODOROVIĆ D, DELL'ORCO M. Bee colony optimization—a cooperative learning approach to complex transportation problems

[J]. Advanced OR and AI Methods in Transportation, 2005, 13: 51-60.

[121] TEODOROVIĆ D, DELL'ORCO M. Mitigating traffic congestion: solving the ride-matching problem by bee colony optimization [J]. Transportation Planning and Technology, 2008, 31(2): 135-152.

[122] THALER R. Mental accounting and consumer choice [J]. Marketing Science, 2008, 27(1): 15-25.

[123] TIAN L J, HUANG H J, GAO Z Y. A cumulative perceived value-based dynamic user equilibrium model considering the travelers' risk evaluation on arrival time [J]. Networks and Spatial Economics, 2012, 12(4): 589-608.

[124] TIAN L J, HUANG H J. Benefit distribution of private toll road: a cumulative prospect theory model with heterogeneous users [J]. International Journal of Systems Science: Operations & Logistics, 2015, 3(4): 211-222.

[125] TIAN L, HUANG H J, XU Y. Benefits from an advanced traveler information system: a cumulative prospect theory model with heterogeneous users and endogenous market penetration [C]. 15th COTA International Conference of Transportation Professionals, 2015: 526-537.

[126] TVERSKY A, KAHNEMAN D. Advances in prospect theory: cumulative representation of uncertainty [J]. Journal of Risk and Uncertainty, 1992, 5(4): 297-323.

[127] TVERSKY A, KAHNEMAN D. Loss aversion in riskless choice: a reference-dependent model [J]. The Quarterly Journal of Economics, 1991, 106(4): 1039-1061.

[128] VON NEUMANN J, MORGENSTERN O. Theory of games and economic behavior [M]. Princeton: Princeton University Press, 1944.

[129] WANG X, AGATZ N, Erera A. Stable matching for dynamic ride-sharing systems. Transportation Science, 2018, 52(4): 850-867.

[130] WANG X, YANG H, ZHU D. Driver-rider cost-sharing strategies and equilibria in a ridesharing program[J]. Transportation Science, 2018, 52(4): 868-881.

[131] WANG Y, SZETO W Y. Static green repositioning in bike sharing systems with broken bikes[J]. Transportation Research Part D: Transport and Environment, 2018, 65: 438-457.

[132] WANG Y, WINTER S, TOMKO M. Collaborative activity-based ridesharing[J]. Journal of Transport Geography, 2018, 72: 131-138.

[133] WARDROP J G. Some theoretical aspects of road traffic research [C]. Proceedings of the Institute of Civil Engineers, 1952, 1: 325-378.

[134] WENDIN M, LAWPHONGPANICH S, Yin Y. Finding boundedly rational user equilibrium flows [C]. Proceedings of 15th International Conference of Hong Kong Society for Transportation Studies, 2010: 327-334.

[135] WU J, SUN H, WANG D Z W, et al. Bounded-rationality based day-to-day evolution model for travel behavior analysis of urban railway network [J]. Transportation Research Part C: Emerging Technologies, 2013, 31: 73-82.

[136] XIAO L L, LIU T L, HUANG H J. On the morning commute problem with carpooling behavior under parking space

constraint[J]. Transportation Research Part B: Methodological, 2016, 91: 383-407.

[137] XU H L, ZHOU J, XU W. A decision-making rule for modeling travelers' route choice behavior based on cumulative prospect theory [J]. Transportation Research Part C: Emerging Technologies, 2011, 19（2）: 218-228.

[138] XU H, ORDÓÑEZ F, DESSOUKY M. A traffic assignment model for a ridesharing transportation market [J]. Journal of Advanced Transportation, 2015a, 49（7）: 793-816.

[139] XU H, PANG J S, ORDÓÑEZ F, et al. Complementarity models for traffic equilibrium with ridesharing [J]. Transportation Research Part B: Methodological, 2015b, 81: 161-182.

[140] XU H, ZHOU J, XU W. A decision-making rule for modeling travelers' route choice behavior based on cumulative prospect theory [J]. Transportation Research Part C: Emerging Technologies, 2011, 19（2）: 218-228.

[141] YANG C, LIU B, ZHAO L, et al. An experimental study on cumulative prospect theory learning model of travelers' dynamic mode choice under uncertainty [J]. International Journal of Transportation Science and Technology, 2017, 6（2）: 143-158.

[142] YANG H, HUANG H J. Carpooling and congestion pricing in a multilane highway with high-occupancy-vehicle lanes [J]. Transportation Research Part A: Policy and Practice, 1999, 33（2）: 139-155.

[143] YANG H, HUANG H J. Mathematical and economic theory of road pricing [M]. Oxford: Elsevier, 2005.

[144]ZHANG C, LIU T L, HUANG H J, et al. A cumulative prospect theory approach to commuters' day-to-day route-choice modeling with friends' travel information [J]. Transportation Research Part C: Emerging Technologies, 2018, 86: 527-548.

[145]ZHANG Z, KOU X, PALOMARES I, et al. Stable two-sided matching decision making with incomplete fuzzy preference relations: a disappointment theory based approach [J]. Applied Soft Computing, 2019, 84: 105730, 1-13.

[146]ZHAO C L, HUANG H J. Experiment of boundedly rational route choice behavior and the model under satisficing rule [J]. Transportation Research Part C: Emerging Technologies, 2016, 68: 22-37.

[147]ZHAO C L, HUANG H J. Modeling bounded rationality in congestion games with the quantal response equilibrium [J]. Procedia-Social and Behavioral Sciences, 2014, 138: 641-648.

[148]ZHU Z, SUN L, CHEN X, et al. Integrating probabilistic tensor factorization with Bayesian supervised learning for dynamic ridesharing pattern analysis [J]. Transportation Research Part C: Emerging Technologies, 2021, 124: 102916.

[149]百度地图. 2020 年度中国城市交通报告[EB/OL]. （2021-01-21）https://baijiahao.baidu.com/s?id=1689473751945540862&wfr=spider&for=pc.

[150]曹兵兵，樊治平，尤天慧，等. 基于失望理论的零售商订货与广告联合决策[J]. 系统工程学报, 2019, 34（4）: 469-482.

[151]公安部交通管理局. 全国机动车保有量达 4.35 亿辆, 驾驶人达 5.23 亿人[EB/OL]. （2024-01-15）https://www.gov.cn/lianbo/bumen/

202401/content_6925362.htm.

[152] 郭忠玉, 罗俊, 夏俊. 基于排队网络的共享单车坏车运维决策优化[J]. 管理工程学报, 2022, 36（5）: 215-225.

[153] 何洪文, 孙逢春, 李梦林. 我国综合交通工程科技现状及未来发展[J]. 中国工程科学, 2023, 25（6）: 202-211.

[154] 胡文君, 周溪召. 基于成对组合 Logit 的多用户多模式随机用户均衡模型[J]. 系统工程理论与实践, 2013, 33（5）: 1318-1326.

[155] 黄海军. 城市交通网络平衡分析: 理论与实践 [M]. 北京: 人民交通出版社, 1994.

[156] 金凤君, 陈卓. 跨区域重大交通工程空间效应评估的地理学思路[J]. 地理科学, 2023, 43（4）: 586-595.

[157] 李嫚嫚, 杨京帅, 赵建有, 等. 基于不确定需求的电动汽车共享系统规划方法[J]. 交通运输系统工程与信息, 2021, 21（6）: 17-24.

[158] 李梦, 黄海军. 后悔视角下的多用户多准则随机用户均衡模型 [J]. 系统工程理论与实践, 2017, 37（5）: 1322-1330.

[159] 李梦, 黄海军. 考虑共享出行的用户均衡交通分配模型[J]. 系统工程理论与实践, 2019, 39（7）: 1771-1780.

[160] 李梦甜, 纪翔峰, 张健, 等. 基于时间剩余的随机后悔最小化路径选择[J]. 交通运输系统工程与信息, 2014, 14（6）: 158-163.

[161] 陆化普, 黄海军. 交通规划理论研究前沿 [M]. 北京: 清华大学出版社, 2007.

[162] 马健霄, 赵飞燕, 尹超英, 等. 建成环境和出租车需求对网约车出行需求影响的时空间分异模式[J]. 交通运输系统工程与信息, 2023, 23（5）: 136-145.

[163] 孙会君, 杨爽, 吕莹, 等. 数据驱动下共享出行资源配置的双层博弈问题研究[J]. 管理世界, 2023, 39（4）: 160-175.

[164] 田丽君，黄海军，王昕. 考虑到达时间感知价值的静态网络均衡模型[J]. 系统工程理论与实践，2015，35（6）：1493-1500.

[165] 田丽君，黄海军，许岩. 具有异质参考点的多用户网络均衡模型[J]. 管理科学学报，2014，17（7）：1-9.

[166] 田丽君，吕成锐，黄文彬. 基于累积前景理论的合乘行为建模与研究[J]. 系统工程理论与实践，2016，36（6）：1576-1584.

[167] 田丽君，杨茜，黄海军，等. 基于累积前景理论的出行方式选择模型及实证[J]. 系统工程理论与实践，2016，36（7）：1778-1785.

[168] 王佳. 供给效率、城市规模与城市生产率——以城市交通设施为例[J]. 管理评论，2022，34（3）：88-100.

[169] 王倩，周晶，徐薇. 基于累积前景理论考虑路网通行能力退化的用户均衡模型[J]. 系统工程理论与实践，2013，33（6）：1563-1569.

[170] 王先甲，全吉，刘伟兵. 有限理性下的演化博弈与合作机制研究[J]. 系统工程理论与实践，2011，31：82-93.

[171] 肖玲玲，吴玉雪，郭名. 基于活动的拼车通勤行为及效用均衡分析[J]. 系统工程理论与实践，2021，41（6）：1496-1506.

[172] 徐红利，周晶，徐薇. 基于累积前景理论的随机网络用户均衡模型[J]. 管理科学学报，2011，14（7）：1-7.

[173] 徐红利，周晶，徐薇. 考虑参考点依赖的随机网络用户均衡与系统演化[J]. 系统工程理论与实践，2010，30（12）：2283-2289.

[174] 徐淑贤，刘天亮，王婷，等. 空间一般均衡视角下的城市交通管理研究：现状与趋势[J]. 交通运输系统工程与信息，2023，23（3）：6-19.

[175] 杨晓光，胡仕星月，张梦雅. 智能高速公路交通应用技术发展综述[J]. 中国公路学报，2023，36（10）：142-164.

[176] 张顺明, 叶军. 后悔理论述评[J]. 系统工程, 2009, 27（2）: 45-50.

[177] 张新洁, 关宏志, 赵磊, 等. 有限理性视野下出行者出行方式选择分层 Logit 模型研究 [J]. 交通运输系统工程与信息, 2018, 18（6）: 110-116.

[178] 周小祥, 黄承锋. 共享汽车服务链联盟策略博弈研究[J]. 交通运输系统工程与信息, 2021, 21（4）: 178-187.

附 录

主要相关政策汇总详见附表1和附表2。

附表1 主要相关政策汇总

法规政策	发布部门	发布时间	主题	政策内容
《关于支持新能源公交车推广应用的通知》	财政部、工业和信息化部、交通运输部、国家发展改革委	2019-05-08	支持新能源公交车的推广应用	根据规模效益和成本下降情况，调整完善新能源公交车购置补贴标准。在普遍取消地方购置补贴的情况下，地方可继续对购置新能源公交车给予补贴支持。地方应发挥好中央财政基础设施奖补政策作用。创新支持方式，吸引社会资本，加快新能源公交车充电基础设施建设，满足车辆使用需求
《绿色出行行动计划（2019—2022年）》	交通运输部等十二部门和单位	2019-05-20	切实推进绿色出行发展，坚持公共交通优先发展，努力建设绿色出行友好环境，增加绿色出行方式吸引力，增强公众绿色出行意识，进一步提高城市绿色出行水平	加快城际交通一体化建设、提升现代化客运服务水平、推进实施旅客联程联运、优化城市道路网络配置、提高公交供给能力、提高公交运营速度、改善公众出行体验、完善慢行交通系统建设、加强慢行系统环境治理、降低小汽车使用强度、加强停车治理

续表

法规政策	发布部门	发布时间	主题	政策内容
《数字交通发展规划纲要》	交通运输部	2019-07-25	推动交通运输行业数字化转型，提升交通运输服务质量和效率	推动交通基础设施全要素、全周期数字化、布局重要节点的全方位交通感知网络、推动载运工具、作业装备智能化、打造数字化出行助手、推动物流全程数字化、推动行业治理现代化
《城市轨道交通客运组织与服务管理办法》	交通运输部	2019-10-16	进一步规范城市轨道交通客运组织与服务工作，推动城市轨道交通服务质量提升，更好地保障人民群众安全、便捷出行	明确了城市轨道交通全天运营时间、信息服务、进出站服务、购检票服务、候车服务、问询服务、环境卫生、救助服务、无障碍服务等的具体要求
《关于进一步提升交通运输发展软实力的意见》	交通运输部	2019-12-23	为加快建设交通强国提供强有力的理论武装、精神动力、文化条件和舆论支撑	强化人民交通为人民的服务宗旨。坚持以人民为中心的发展理念，把为民、利民、惠民作为一切工作的出发点和落脚点，不断提升交通运输行业的理想信念、价值追求、道德文化和文明水平。始终与人民群众同呼吸、共命运，倾力办好顺民意、解民忧、增民利的实事好事，增强交通运输行业的公信力和交通运输工作的社会认可度、美誉度

续表

法规政策	发布部门	发布时间	主题	政策内容
《关于做好交通运输促进消费扩容提质有关工作的通知》	交通运输部	2020-06-08	交通运输促进消费扩容提质	明确指出大力倡导公共交通先行，通过优惠政策提升公共交通出行服务快速化、便捷化水平，增强交通领域消费活力
《绿色出行创建行动方案》	交通运输部、国家发展改革委	2020-07-23	倡导简约适度、绿色低碳的生活方式，引导公众优先选择公共交通、步行和自行车等绿色出行方式，降低小汽车通行量，整体提升我国绿色出行水平	到2022年，60%以上创建城市目标：绿色出行超70%，满意率不低于80%。跨部门协调机制建立，道路网密度提升，慢行、无障碍设施推进，充电基础设施加快建设。新能源公交占比：重点区域不低于60%，其他不低于50%；新增/更新公交中新能源车不低于80%。淘汰高耗能、高排放车。公交分担率：超大/特大城市不低于50%，大城市不低于40%，中小城市不低于30%。公交专用道增加，高峰期拥挤度合理，平均速度不低于15 km/h。全面推行公交来车信息服务、非现金支付。年度绿色出行宣传活动，民意征询、志愿者活动、第三方评估等广泛开展

续表

法规政策	发布部门	发布时间	主题	政策内容
《关于推动都市圈市域(郊)铁路加快发展的意见》	国务院办公厅	2020-12-07	推动都市圈市域（郊）铁路的加快发展	政府引导与市场运作相结合，强化政策支持，推动项目共建共享，旨在缓解交通拥堵，实现合理回报及便利出行。市域（郊）铁路主要布局于经济发达、人口密集的中心城市，新建线路设计速度100~160 km/h，站间距不小于3 km。实施上，优先利用既有铁路，有序推进新建，加强综合衔接
《关于促进道路交通自动驾驶技术发展和应用的指导意见》	交通运输部	2020-12-20	促进道路交通自动驾驶技术发展和应用	加强自动驾驶技术研发、提升道路基础设施智能化水平、推动自动驾驶技术试点和示范应用、健全适应自动驾驶的支撑体系
《关于切实解决老年人运用智能技术困难，便利老年人日常交通出行的通知》	交通运输部、人力资源社会保障部、国家卫生健康委、中国人民银行、国家铁路局、中国民用航空局、中国国家铁路集团有限公司	2020-12-28	解决老年人在智能技术面前遇到的交通出行困难	保留现金、纸质票据及完善服务措施：交通站点保留线下售票，支持现金和凭证打印；出租车和公交支持现金或转换服务，电子客票线路支持老年人凭证件或纸质票据乘车。完善交通一卡通服务，与移动支付融合，凭老年卡等享受优待。保持巡游出租车扬召服务，加强公益平台建设。网约车增设"一键叫车"，探索语音接单等功能，设置候客点、临时停靠点提供便捷服务

续表

法规政策	发布部门	发布时间	主题	政策内容
《关于服务构建新发展格局的指导意见》	交通运输部	2021-01-22	充分发挥交通运输在构建新发展格局中的支撑保障和先行作用	完善综合交通网络，扩大循环规模。建设现代化高质量综合立体交通网。以高效率为导向，推进国家综合立体交通网主骨架建设，打通综合运输大通道"堵点"，增强区域间、城市群间、省际间、城乡间以及国际交通运输联系。加快提升城市群、都市圈交通承载能力。强化部门协同，保障公路与城市道路顺畅衔接。建立健全城市群交通运输协同发展体制机制
《国家综合立体交通网规划纲要》	中共中央、国务院	2021-02-24	构建便捷顺畅、经济高效、绿色集约、智能先进、安全可靠的现代化高质量国家综合立体交通网	2035年基本建成现代化高质量交通网，实现国内外互联互通、城市立体畅达、县级节点覆盖，支撑"全国123出行交通圈"与"全球123快货物流圈"。到21世纪中叶，全面建成世界一流交通基础设施体系，实现供需平衡、服务优质、安全保障，新技术广泛应用，迈向数字化、网络化、智能化、绿色化

续表

泫规政策	发布部门	发布时间	主题	政策内容
《2021年新型城镇化和城乡融合发展重点任务》	国家发展改革委	2021-04-08	推动新型城镇化和城乡融合发展	建设轨道上的城市群和都市圈。优化综合交通枢纽布局，建设一体化综合客运枢纽，促进各类交通方式无缝接驳、便捷换乘。推广交通"一卡通"、二维码"一码畅行"。优化城市交通服务体系。深入建设公交都市，开展绿色出行创建行动，完善定制公交、自行车道和步行道。完善以配建停车场为主、公共停车场为辅、路侧停车位为补充的停车设施体系，健全住宅小区和公共停车场充电设施，开展创新筹资方式支持停车场建设试点
《关于推动城市停车设施发展的意见》	国务院办公厅	2021-05-07	加快补齐城市停车供给短板，改善交通环境，推动高质量发展	到2025年，全国大中小城市基本建成配建停车设施为主、路外公共停车设施为辅、路内停车为补充的城市停车系统，社会资本广泛参与，信息技术与停车产业深度融合，停车资源高效利用，城市停车规范有序。到2035年，布局合理、供给充足、智能高效、便捷可及的城市停车系统全面建成，为现代城市发展提供有力支撑

续表

法规政策	发布部门	发布时间	主题	政策内容
《交通运输领域新型基础设施建设行动方案（2021—2025年）》	交通运输部	2021-08-31	推动交通运输领域新型基础设施建设，加快建设交通强国	智慧公路建设行动、智慧航道建设行动、智慧港口建设行动、智慧枢纽建设行动
《2030年前碳达峰行动方案》	国务院	2021-10-24	确保2030年前实现碳达峰目标	加快形成绿色低碳运输方式，确保交通运输领域碳排放增长保持在合理区间。推动运输工具装备低碳转型。积极扩大电力、氢能、天然气、先进生物液体燃料等新能源、清洁能源在交通运输领域应用。大力推广新能源汽车，逐步降低传统燃油汽车在新车产销和汽车保有量中的占比，推动城市公共服务车辆电动化替代。到2030年，当年新增新能源、清洁能源动力的交通工具比例达到40%左右，营运交通工具单位换算周转量碳排放强度比2020年下降9.5%左右。构建绿色高效交通运输体系。打造高效衔接、快捷舒适的公共交通服务体系，积极引导公众选择绿色低碳交通方式。到2030年，城区常住人口100万以上的城市绿色出行比例不低于70%。加快绿色交通基础设施建设

续表

法规政策	发布部门	发布时间	主题	政策内容
《数字交通"十四五"发展规划》	交通运输部	2021-10-29	以数字化、网络化、智能化为发展主线，推动交通行业的高质量、高速度发展	打造综合交通运输"数据大脑"；构建交通新型融合基础设施网络、部署北斗、5G等信息基础设施应用网络、建设一体衔接的数字出行网络、建设多式联运的智慧物流网络、升级现代化行业管理信息网络；培育数字交通创新发展体系和构建网络安全综合防范体系
《绿色交通"十四五"发展规划》	交通运输部	2021-10-29	推动交通运输领域绿色低碳转型，加快建设交通强国	设定了减污降碳、用能结构、运输结构等方面的具体指标，提出了七项主要任务，针对重点领域，提出了四项专项行动
《综合运输服务"十四五"发展规划》	交通运输部	2021-11-18	加快建设交通强国，推进新时代综合运输服务高质量发展	以加快建设交通强国为总目标，提出了到2025年的具体目标，明确了"十四五"时期综合运输服务的10项主要任务
《"十四五"现代综合交通运输体系发展规划》	国务院	2021-12-9	加快建设交通强国，构建现代综合交通运输体系	到2025年，综合交通运输基本实现一体化融合发展，智能化、绿色化取得实质性突破，综合能力、服务品质、运行效率和整体效益显著提升，交通运输发展向世界一流水平迈进，明确了构建完善综合交通网络、支撑引领区域协调发展、推进城市群交通一体化、提升运输服务品质、强化智能绿色发展、深化体制机制改革等重要任务

续表

法规政策	发布部门	发布时间	主题	政策内容
《交通强国建设评价指标体系》	交通运输部	2022-01-16	科学引导交通运输高质量发展，加快建设交通强国	该指标围绕"安全、便捷、高效、绿色、经济"五大方面，从"基本特征、评价维度、评价指标"三级设置了20项评价指标
《交通领域科技创新中长期发展规划纲要（2021—2035年）》	交通运输部、科学技术部	2022-01-24	以科技创新驱动加快建设交通强国	提升基础设施、交通装备技术，推动智慧、平安、绿色交通建设，增强科技创新能力
《现代综合交通枢纽体系"十四五"发展规划》	交通运输部、国家铁路局、中国民用航空局、国家邮政局、中国国家铁路集团有限公司	2022-02-09	推进现代综合交通枢纽体系建设	共包括"发展基础、总体要求、重点任务、保障措施"四部分内容。在重点任务方面，围绕建设现代综合交通枢纽体系，按照"坚持服务人民、坚持系统观念、坚持改革创新、坚持多方协同"的工作原则，提出了5方面13项具体任务
《"十四五"交通领域科技创新规划》	交通运输部、科学技术部	2022-03-10	加快建设科技强国、交通强国，推动交通领域科技创新发展	从3个要素维度（基础设施、交通装备、运输服务）和3个价值维度（智慧、安全、绿色），规划布局了六大领域共18个重点研发方向

续表

法规政策	发布部门	发布时间	主题	政策内容
《国家公交都市建设示范工程管理办法》	交通运输部	2022-03-28	规范国家公交都市建设示范工程管理，促进国家公交都市提质扩面	构建以公共交通为主体的城市交通出行结构、科学编制和有效实施规划、优化公共交通线网与运力调配、提升乘客满意度与服务质量、推动绿色低碳发展、推动智慧交通发展、建立完善的城市公共交通安全管理制度、构建城市公共交通优先发展的政策保障体系
《"十四五"公路养护管理发展纲要》	交通运输部	2022-04-03	推动公路养护管理高质量发展	推进设施数字化：加强公路基础设施数字化建设，提升公路养护管理的智能化水平。提升养护专业化：加强养护队伍建设，提高养护作业的专业化水平。推动管理现代化：完善公路养护管理制度体系，加强行业监管和执法力度。实现运行高效化：优化路网运行管理，提高公路通行效率和服务水平。促进服务优质化：加强公路服务设施建设和管理，提升公路服务质量
《加快推进公路沿线充电基础设施建设行动方案》	交通运输部、国家能源局、国家电网有限公司、中国南方电网有限责任公司	2022-08-01	加快推进公路沿线充电基础设施建设	加强高速公路服务区充电基础设施建设、加强普通公路沿线充电基础设施建设、探索推进新技术新设备应用、优化服务区（站）充电基础设施布局、加强服务信息采集与发布、加强充电基础设施运行维护

续表

法规政策	发布部门	发布时间	主题	政策内容
《加快建设交通强国五年行动计划（2023—2027年)》	交通运输部、国家铁路局、中国民用航空局、国家邮政局、中国国家铁路集团有限公司	2023-03-31	加快建设交通强国	提出了到2027年的发展目标，为实现这些目标，行动计划还提出了包括现代化综合交通基础设施建设行动、运输服务质量提升行动等在内的十大行动，共包含53项具体的行动任务
《关于推进城市公共交通健康可持续发展的若干意见》	交通运输部	2023-10-08	推进城市公共交通健康可持续发展	聚焦于完善支持政策，包括运营补贴、成本核算、价格动态调整、公交优先通行、绿色出行引导等；夯实发展基础，加强规划引领、用地保障、设施改善，促进公交服务提质增效，如优化线网、发展微循环公交、定制公交等；加强从业人员权益保障，确保工资待遇、劳动保护及身心健康；加强组织实施，建立绩效评价制度，落实城市政府主体责任，全面推进城市公共交通的健康可持续发展
《关于全面推进城市综合交通体系建设的指导意见》	住房城乡建设部	2023-11-27	全面推进城市综合交通体系建设	科学编制并实施城市综合交通体系规划、有序推进城市快速干线交通系统建设、积极实施城市生活性集散交通系统建设、加快开展城市绿色慢行交通系统建设

续表

法规政策	发布部门	发布时间	主题	政策内容
《关于进一步加强适老化无障碍出行服务工作的通知》	交通运输部、国家铁路局、中国民用航空局、国家邮政局、中国残疾人联合会、全国老龄工作委员会办公室	2024-01-12	进一步加强适老化无障碍出行服务工作	加强适老化无障碍交通设施规划建设、加大适老化无障碍交通运输设备配置和改造力度、改善适老化无障碍城市交通出行体验、持续优化综合运输适老化无障碍出行服务及改进提升适老化无障碍出行信息服务
《交通运输大规模设备更新行动方案》	交通运输部等十三部门	2024-05-31	推动交通运输大规模设备更新，加快建设交通强国，推动交通运输行业高质量发展，服务构建新发展格局	新能源公交车辆推广应用持续推进；交通运输行业碳排放强度和污染物排放强度不断降低，污染物排放总量进一步下降。完成七大重点任务：城市公交车电动化替代、老旧营运柴油货车淘汰更新、老旧营运船舶报废更新、老旧机车淘汰更新、邮政快递老旧设备替代、物流设施设备更新改造、标准提升
《新能源城市公交车及动力电池更新补贴实施细则》	交通运输部、财政部	2024-07-29	为新能源城市公交车及动力电池的更新提供定额补贴的相关细则	规定了补贴政策与条件、新能源城市公交车更新及动力电池更换补贴标准以及补贴资金申请、审核与拨付流程
《关于进一步做好新能源城市公交车及动力电池更新工作的补充通知》	交通运输部办公厅、国家发展改革委办公厅、财政部办公厅	2024-09-24	进一步推动新能源城市公交车及动力电池的更新工作	对更新新能源城市公交车的每辆车平均补贴8万元，对更换动力电池的每辆车补贴4.2万元。对于更换动力电池的，每辆车补贴金额原则上不得高于新购动力电池价格的50%

附表 2　主要相关政策汇总

法规政策	发布部门	发布时间	主题	政策内容
《关于推进本市停车设施有偿错时共享的指导意见》	北京市交通委员会	2019-11-01	推进北京市停车设施有偿错时共享，以提高停车设施的使用效率和管理水平，缓解停车供需矛盾	以创新、协调、绿色、开放、共享为理念，加强机动车停车治理，建设良好停车环境。通过政府引导、市场运作、企业经营、个人参与的方式，推动共享停车，盘活既有停车资源。优先将公共建筑的停车设施用于居住停车，居住小区的停车设施在满足本小区居民停车需要的情况下向社会开放
《2020年北京市交通综合治理行动计划》	北京市交通委员会	2020-02-03	推动北京市交通综合治理取得新成效，营造良好出行环境	按照"优供、控需、强治"思路，秉持"慢行、公交、绿色优先"理念，计划将中心城区绿色出行比例提至75%，路网交通指数控在5.6左右，高峰时段公交与小汽车速度比达0.7:1。重点任务涵盖：加速轨道交通建设，推动市郊铁路发展，提升既有线路，优化公交线网与服务，提升慢行系统品质，融合滨水绿道，推进道路与交通枢纽建设，移交代征道路用地，实施智慧交通计划，强化信息服务与规划管理，精准降低机动车使用强度，治理交通堵点

续表

法规政策	发布部门	发布时间	主题	政策内容
《关于加快培育壮大新业态新模式促进北京经济高质量发展的若干意见》	中共北京市委	2020-06-10	加快培育壮大新业态新模式，促进北京经济高质量发展	实施智慧交通计划，构建绿色安全智慧出行体系。在重点区域部署5G车联网，搭建云平台，实现高级自动驾驶应用。推动大数据、AI、北斗导航等技术应用于交通治理，提升管理智能化和服务质量。在轨道交通建设中推广机器人、5G、BIM等技术，服务市民安全便捷绿色出行
《〈北京市小客车数量调控暂行规定〉实施细则》（2020年修订）	北京市交通委员会	2020-12-05	实现小客车数量的合理、有序增长，有效缓解交通拥堵，降低能源消耗和减少环境污染	规定了申请主体、配置方式、单位、家庭及个人申请资格及审核流程等
《北京市小客车数量调控暂行规定》	北京市交通委员会	2020-12-07	实现小客车数量合理、有序增长，有效缓解交通拥堵、改善生态环境	北京实施小客车数量调控，年度增长和配置由相关部门合理确定并公布。配置指标公开公平分配。单位和个人需向调控机构申请。政策涵盖配置方式、申请条件、特殊规定及指标管理等内容

续表

法规政策	发布部门	发布时间	主题	政策内容
《北京市房山区国民经济和社会发展第十四个五年规划和二〇三五年远景目标纲要》	北京市房山区人民政府	2021-01-13	全面推进"一区一城"新房山高质量发展，实现厚积薄发	加快构建立体高效交通体系，建设快速畅通对外交通，通过完善新城组团道路交通、提升重点区域交通通达性、优化提升公共交通服务水平来构建便捷通达内部交通，通过建设宜人连续慢行系统、缓解重点地区交通拥堵、加强停车规范管理来打造安全宜人交通环境
《北京市"十四五"时期智慧城市发展行动纲要》	北京市大数据工作推进小组	2021-03-05	加快推动"十四五"时期北京智慧城市发展	深化交通整合，推动智能信号灯调节、公交优先，试点特种车辆一键护航。优化出行体验，探索一码通乘，推广多样化交通服务。提升交通治理水平，重点站区一屏统管，保障冬奥交通。扩大车联网先导区，探索全息路网，促进创新发展
《北京市人民政府关于实施工作日高峰时段区域限行交通管理措施的通告》	北京市人民政府	2021-03-16	实施工作日高峰时段区域限行交通管理措施	规定工作日 7 时至 20 时，五环路内（不含）机动车按尾号限行；特定车辆除外。尾号分五组轮换限行。外地客车限行规则同本市车，特定区域全天禁行外地车

续表

法规政策	发布部门	发布时间	主题	政策内容
《北京市大兴区国民经济和社会发展第十四个五年规划和二〇三五年远景目标纲要》	北京市大兴区发展和改革委员会	2021-04-22	打造国家发展新的动力源，建设首都南部发展新高地，顺应人民群众对美好生活向往	坚持交通先行，加强大兴机场、轨道交通、公路等多种交通方式的立体互联，联接"大通道"、畅通"小循环"，全面提升路网通达性，让群众出行更加便捷舒适。构建对外联接大廊道；完善道路交通系统，提升交通畅通性和安全性；优化公共交通体系；建设覆盖全域的慢行系统，为居民和游客创造亲近自然、健康精致的慢生活体验
《北京市丰台区国民经济和社会发展第十四个五年规划和二〇三五年远景目标纲要》	北京市丰台区人民政府	2021-06-11	丰台区在"十四五"时期和二〇三五年远景目标下的国民经济和社会发展	构建高效城市交通，强化市域衔接：加速轨道网融入，畅通外联路网，研究重要交通线，加快新机场高速，建快速、主干路，推动柳村路南延。优化内部交通，强化功能区联通，建主干路，优化公交系统。保障丰台站周边交通，完善次支路。疏通断点堵点，提升效率，优化公交场站布局
《推动城市南部地区高质量发展行动计划(2021-2025年)》	中共北京市委、北京市人民政府	2021-07-15	推动城市南部地区高质量发展	构建综合交通体系，完成京雄高速、丰台站改扩建，推进高铁、城际铁路建设，完善跨区域交通。实施轨道线路工程，开通多条地铁线路，完善南部地区轨道骨架。打通骨干通道，加强中心城区联络，完善城市路网。建设轨道微中心，促进交通与城市功能融合，打造便捷复合的城市空间

续表

法规政策	发布部门	发布时间	主题	政策内容
《关于对外省区市机动车采取交通管理措施的通告》	北京市交通委员会、北京市生态环境局和北京市公安局公安交通管理局	2021-07-27	加强外省区市机动车交通管理,缓解北京市交通压力,减少机动车污染物排放	规定了需办理进京通行证的情形、进京通行证办理方式、不予办理进京通行证情形、禁限行规定及特殊车辆规定等内容
《北京城市副中心(通州区)国民经济和社会发展第十四个五年规划和二〇三五年远景目标纲要区级任务分工方案》	北京市通州区人民政府办公室	2021-08-09	推动北京城市副中心（通州区）的经济和社会发展,明确"十四五"时期和二〇三五年远景目标的主要任务分工	要求城区道路密度5.1公里/平方公里,绿色出行比例达到80%,加密路网高效循环。实施公交优先,优化线网,建设100公里公交专用道,公交站点覆盖率95%以上。发展定制公交,建设慢行网络1 500公里。推广新能源,城市服务车辆电动化,试点氢能应用
《关于推动城乡建设绿色发展的意见》	中共中央办公厅	2021-10-22	推动城乡建设绿色发展	加强公交优先、绿色出行的城市街区建设,合理布局和建设城市公交专用道、公交场站、车船用加气加注站、电动汽车充换电站,加快发展智能网联汽车、新能源汽车、智慧停车及无障碍基础设施,强化城市轨道交通与其他交通方式衔接。加强交通噪声管控,落实城市交通设计、规划、建设和运行噪声技术要求

续表

法规政策	发布部门	发布时间	主题	政策内容
《北京市"十四五"时期重大基础设施发展规划》	北京市人民政府	2022-02-22	以首都发展为统领，推动基础设施高质量发展	初步构建京津冀城市群2小时交通圈和北京都市区1小时通勤圈。推进轨道交通建设，提高轨道交通旅行速度和服务范围。加强地面公交服务能力，提升公交专用道里程和多样化公交线路数量。完善城市道路网，新建和改造城市干道和次支路。改善慢行出行环境，建设慢行系统示范区
《2022年北京市交通综合治理行动计划》	北京市交通委员会	2022-04-26	秉承"以人为本"和"慢行优先、公交优先、绿色优先"的治理理念，优化供给、调控需求、强化治理，推进交通综合治理向更广领域和更深层次拓展	至2022年底，北京中心城区绿色出行占比74.6%，45分钟通勤占比56%，轨道换乘短距离站点占比45%，公共交通占机动出行51.8%，车均出行强度降为26.5公里，道路网密度4.11公里/平方公里，交通指数控制在6.0内，交通事故下降，保障交通安全平稳。主要任务涵盖轨道优化、四网融合、都市生活构建、新线建设、公交融合、智慧交通、停车治理等
《北京市域（郊）铁路功能布局规划（2020年—2035年）》	北京市规划和自然资源委员会	2022-12-09	构建面向区域协同的一体化轨道交通网络，支撑和保障京津冀区域协同发展，同时促进北京城市空间布局和功能优化重组	规划线路共12条，分为14个规划项目，总计约874公里。提出力争规划期市域（郊）铁路客运量达到北京市轨道交通客运量的5%。围绕中心城区30公里圈层实现45分钟通勤，围绕中心城区、城市副中心70公里圈层构建1小时交通圈，提升出行效率与品质，提高人民群众交通出行的获得感和满意度

续表

法规政策	发布部门	发布时间	主题	政策内容
《北京市关于鼓励汽车更新换代消费的方案》	北京市商务局、北京市经济和信息化局、北京市财政局、北京市生态环境局、北京市市场监督管理局、北京市公安局公安交通管理局、国家税务总局北京市税务局	2023-03-16	鼓励汽车更新换代以促进北京市汽车消费增长，优化汽车结构，并减少环境污染	规定报废或转出北京市注册登记在本人名下1年以上的乘用车、在北京市汽车销售企业新购新能源小客车，并开具北京市《机动车销售统一发票》、在规定时间内完成新购新能源小客车上牌手续的自然人车主可以按照转出或报废的乘用车类型（新能源小客车和其他乘用车）和使用年限获得一定的补贴。政策还规定了申请流程及政策实施与监督等内容
《关于优化公交专用车道通行管理措施的通告》	北京市交通委员会、北京市公安局公安交通管理局	2023-05-20	优化公交专用车道的通行管理	适度放宽公交专用车道使用车型、调整公交专用车道启用时间、允许特定车辆通行、特殊情况下社会车辆借用、公休日和法定节假日放开部分道路，对部分道路的公交专用车道进行潮汐调整，以适应不同时段的交通流量变化
《2023年北京市交通综合治理行动计划》	北京市交通委员会	2023-05-26	优化供给、调控需求、强化治理	至2023年底，北京中心城区绿色出行占比74.7%，45分钟通勤占比54%，轨道换乘短距离站点占比86%，公交占机动出行52.9%，车均出行强度降至26.5公里，道路网密度5.45公里/平方公里，交通指数控制在5.6内，交通事故下降，交通运行平稳。主要任务：便捷轨道服务，打造都市生活；提升公交效率，融合轨道；建设慢行系统；优化枢纽功能；加快副中心建设；推进交通数字化；引导预约出行；升级交通秩序治理

续表

法规政策	发布部门	发布时间	主题	政策内容
《北京MaaS2.0工作方案》	北京市交通委员会、北京市生态环境局	2023-05-31	推动北京MaaS（绿色出行一体化服务）的理念升级、服务升级、模式升级，进一步构建完善由政府、交通企业、互联网企业、金融机构、科研机构合作共赢的北京MaaS生态圈	到2025年，实现核心场景绿色出行一体化服务体验大幅提升，碳普惠覆盖范围和用户规模显著增加，MaaS平台日均服务绿色出行人数不少于600万人，绿色出行服务渗透率达到20%，绿色出行转化率达到3%。通过持续优化服务体验、构建互利共赢生态圈、推动碳普惠激励体系升级、加强品牌建设与宣传来拓展优化服务场景功能、打造全球品牌标杆
《北京市通学定制公交运行服务监管工作规则（试行）》	北京市交通委员会、北京市发展和改革委员会、北京市教育委员会、北京市公安局、北京市民政局、北京市财政局	2023-08-18	提供高效、便捷的义务教育学生通学服务，减轻家长接送负担，缓解学校周边交通拥堵，并增强人民群众的获得感	对政府及相关部门职责、相关方责任、发展方向、开行组织、企业要求、随车志愿者要求、线路及停靠点设置要求、基本流程、运行服务要求、乘坐要求以及学校、社区及家长责任等作出了明确规定，涵盖了通学定制公交的各个方面
《关于继续优化调整公交专用车道通行管理的通告》	交通委员会、北京市公安局公安交通管理局	2023-08-24	优化调整公交专用车道通行管理	调整三环路以外及部分高速路公交专用车道、取消二环路主路公交专用车道、优化公休日和法定节假日公交专用车道、调整三环路以内公交专用车道、调整公交专用道使用时间、设置潮汐公交车道

续表

法规政策	发布部门	发布时间	主题	政策内容
《关于进一步做好我市轨道交通线路一体化规划方案编制及管理工作的意见（试行）》	北京市规划和自然资源委员会	2024-02-19	进一步明确轨道交通线路一体化规划方案编制工作的组织体系、管理规则、实施保障与公众参与机制，以促进轨道交通与城市的高质量发展	为北京轨道交通线路一体化规划提供指导，要求贯彻城市总体规划，加强规划引领和公众参与，确保公开透明。并提出实施保障和深化措施，保障规划科学高效实施
《2024年北京市交通综合治理行动计划》	北京市交通委员会	2024-03-18	便捷、顺畅、绿色、智慧、安全	到2024年底，中心城区高峰时段平均道路交通指数力争控制在6.0左右，中心城区绿色出行比例力争达到75%。主要任务包括建设轨道交通、优化体面公交、治理交通拥堵、发展绿色交通、建设智慧交通、优化火车站交通环境等
《关于优化公交专用车道通行管理措施的通告》	北京市交通委员会、北京市公安局公安交通管理局	2024-08-23	优化公交专用车道通行管理	公休日和法定节假日放开部分道路公交专用车道；允许特定车辆使用公交专用车道；优化部分道路公交专用车道启用时间；设置潮汐公交专用道